创新设计丛书

上海交通大学设计学院总策划

城市生态社区多学科规划设计途径

——以德国柏林Zingster社区为例

于冰沁 译

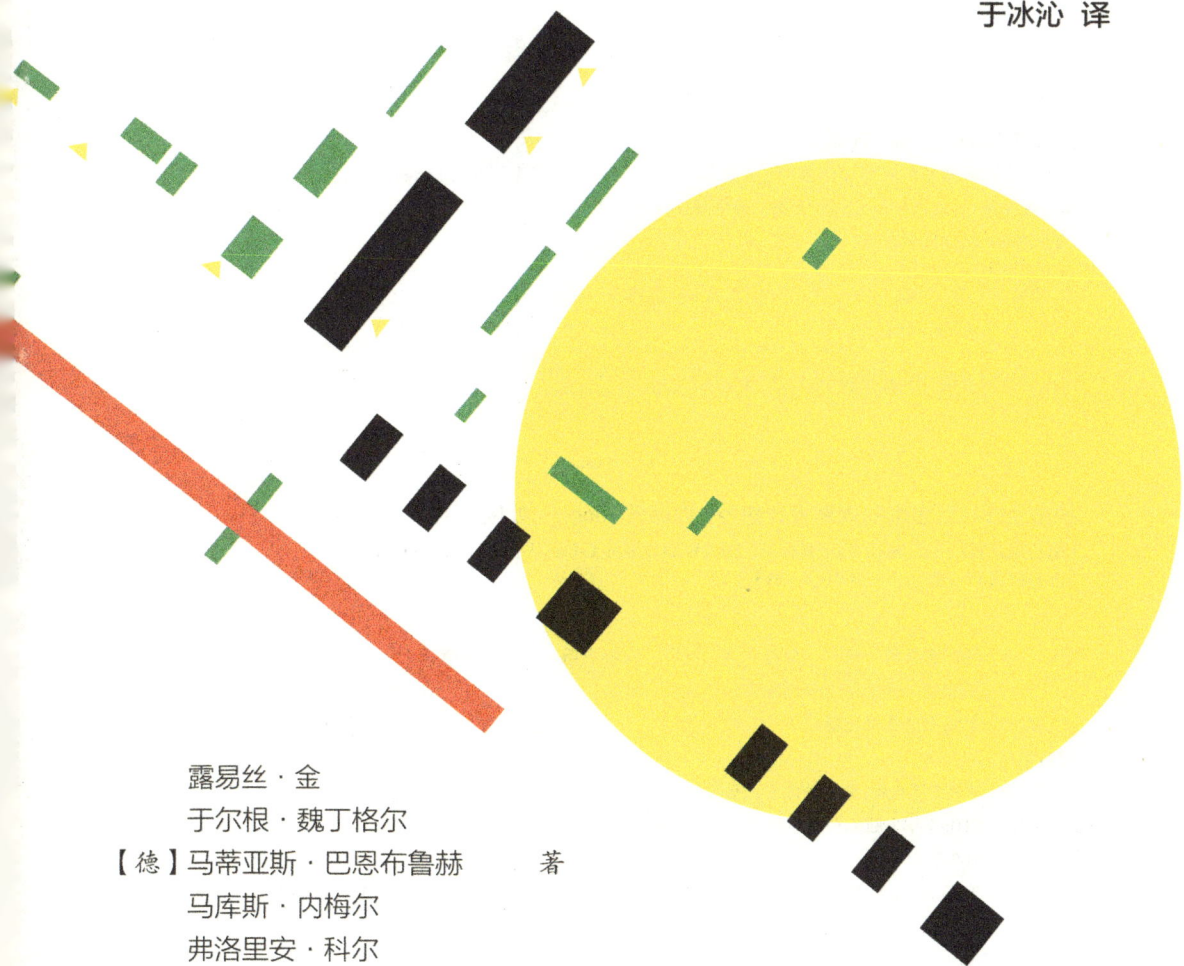

露易丝·金
于尔根·魏丁格尔
【德】马蒂亚斯·巴恩布鲁赫　　著
马库斯·内梅尔
弗洛里安·科尔

上海交通大学出版社
SHANGHAI JIAO TONG UNIVERSITY PRESS

内容摘要

　　本书介绍德国柏林 Zingster(青斯特)社区的生态更新项目,该项目是将单一功能的居住社区转变为可持续的、兼具生态和社会服务功能的城市生态社区,以期高效地组织雨洪管理、生态建筑、绿色能源、水资源利用等混合功能。全书共 6 章,其中第 1 章从城市设计角度概述了工作和社交功能的融合、空间的集约化和公共空间的再定义;第 2 章从风景园林设计的角度介绍了功能性的开放空间与水资源管理、都市农业、绿色能源等多个学科生态技术的融合策略;第 3 章从水资源管理角度展示了解决雨水、灰水和黑水过滤、净化及再利用的方法;第 4 章从能源技术角度介绍了太阳能、风能等资源的利用途径;第 5 章从建筑设计角度提出了老旧社区建筑更新改造的可能策略。

　　本书可供城市设计、建筑、风景园林、水资源管理、能源管理等多学科领域的研究人员、从业人员和学生参考。

图书在版编目(CIP)数据

城市生态社区多学科规划设计途径：以德国柏林 Zingster 社区为例/(德)露易丝·金等著;于冰沁译. —上海:上海交通大学出版社,2019

ISBN 978-7-313-22582-5

Ⅰ.①城…　Ⅱ.①露…②于…　Ⅲ.①城市-社区建设-生态环境建设-研究-柏林　Ⅳ.①D751.683

中国版本图书馆 CIP 数据核字(2019)第 274017 号

城市生态社区多学科规划设计途径：以德国 Zingster 社区为例

CHENGSHI SHENGTAI SHEQU DUO-XUEKE GUIHUA SHEJI TUJING：
YI DEGUO Zingster SHEQU WEI LI

著　　者:[德]露易丝·金　于尔根·魏丁格尔　马蒂亚斯·巴恩布鲁赫	
马库斯·内梅尔　弗洛里安·科尔	译　　者:于冰沁
出版发行:上海交通大学出版社	地　　址:上海市番禺路 951 号
邮政编码:200030	电　　话:021-64071208
印　　制:当纳利(上海)信息技术有限公司	经　　销:全国新华书店
开　　本:710mm×1000mm　1/16	印　　张:8.75
字　　数:156 千字	
版　　次:2019 年 12 月第 1 版	印　　次:2019 年 12 月第 1 次印刷
书　　号:ISBN 978-7-313-22582-5	
定　　价:68.00 元	

作者：

露易丝·金

于尔根·魏丁格尔

马蒂亚斯·巴恩布鲁赫

马库斯·内梅尔

弗洛里安·科尔

基金支持：

BGAG-Stiftung Walter Hesselbach，Frankfurt am Main HOWOGE

Wohnungsbaugesellschaft mbH，Berlin

前言（作者）

　　从工业时代的汽车便利型大型居住区到现代服务社会型的多功能、可持续性生态社区，这是一次跨学科的努力。

　　大型住宅区——东西欧工业时代的产物，是 20 世纪 60 年代和 70 年代城市扩张的一种标准战略。很显然，这些住宅区严格遵循了"功能划分"的原则。在 1900 年的伊丽莎白（Ebenezer）时代或 20 世纪 20 年代法兰克福城市规划师恩斯特·麦（Ernst May）的时代，将居民区与排放污染物的工厂分开可能是一个好主意。战后，工业繁荣，人口大幅增长和人口向大城市大规模迁移，适当的"分区"仍能起到一定的防御作用。但当"新市镇""新社区"，以及德国房地产的规模逐渐扩大时，功能单一的住宅区缺点越来越明显。随着城市服务业的兴起，"功能分离"逐渐受到了人们的强烈质疑：1961 年，简·雅各布斯（Jane Jacobs）出版了大受欢迎的教科书——《美国大城市的生与死》（*The Death and Life of Great American Cities*）。作者希望通过此书改变当时的"功能分离"原则。在"城市多样性"一章中她做了如下阐释，"条件 1：整个住宅区（或大部分区域）"必须有不止一个主要功能，可能的话，最好有两个以上功能。它们必须确保有着不同的使用功能，并使不同用户能共享许多服务。在德国，亚历山大·米切尔利奇（Alexander Mitscherlich）在其著作《城市的功能》（*Die Unwirtlichkeit unserer Städte*）（1965 年出版）中致力于解决功能分离的问题："如果将生产、管理、娱乐和居住区域严格区分开，那么将城市生活汇集起来的是什么呢？"

　　在 20 世纪中期，法国经济学家让·富拉斯提（Jean Fourastie）对从工业经济向服务经济的转变做出评论。他于

1949 年做出预测：经济三大产业——农业、工业和"第三产业"的就业率会发生变化。尽管他当时的言论可能有一定局限性，但他告诉我们一些重要的事情：在服务业工作的人口比例将大幅增加，这可能会彻底改变城市设计战略。电子革命、环保生产、现代交通系统等均为我们提供了城市设计战略。因此，构建"多功能城市"绝对可以实现。

努力建设一个生机勃勃、功能齐全、与社会联系密切的城市不是目前唯一的目标：城市必须经过精心设计和更新，以适应环境和气候条件；也就是说，城市设计必须将可持续性考虑在内，这就涉及如何高效地利用空间，建立可持续的供需流动关系。因此，该研究实践项目旨在找出针对所有问题的综合解决方案，并以相同的方式——综合使用跨学科方法，更新"地上"和"地下"城市社区结构。

后工业城市的更新和可持续发展战略促使"地上"的城市社区结构需要克服工业时代的"功能分离"的模式，并建立新的网络结构，以节省能源和资源。新的基础设施设置的目标是节省热能和电能，改善供水系统和污水处理系统，促使基础设施分散化，并最大限度地整合，以产生协同效应。它们不仅符合未来的城市发展规划，而且还符合社会治理的目标：原来分工明确的城市劳动力、工业时代留下来的功能单一的区划、隔离和分离，现在都可以转换成丰富的、多方面的、全方位的网络体系。无论城市社区的规模变大还是缩小，这种由"分散"的社区和基础设施组成的"多中心"城市社区结构也符合未来的发展和需求。

露易丝·金

前言（译者）

生态社区一直是我在博士后研究期间关注的重点问题，完成的博士后基金等国家和省部级项目也是围绕着城市生态社区的雨水管理和规划设计等内容展开的。2014年4月有幸到德国柏林工业大学，跟随于尔根·魏丁格尔等教授组成的多学科团队共同对城市社区的生态化更新进行了交叉学科的探讨。本研究项目于2015年完成，其德文版和英文版先后发行。自2015年研究完成，我便着手其中文译本的筹备工作，然而可惜的是，由于教学和科研工作繁重，中文译本一直拖延到2019年才初见成果。

生态社区（ecological community）也被称为绿色社区或可持续社区，是综合社会、经济与自然的符合生态系统的，通过维持原有的社区生态系统平衡，实现资源和能源的高效循环利用，减少废物排放，实现社区和谐、经济高效、生态良性循环的社区。生态社区的建设需要遵循生态规划设计原则，体现无污染、无危害、可循环利用、节约能源、经济高效的特点，以降低社区对能源和水资源等的消耗，充分利用清洁能源，这是生态社区区别于传统社区的显著特征，例如英国伦敦拜德零耗能小区、美国高点生态社区、德国汉堡生态示范社区等。目前，我国生态社区的建设尚处于理论研究阶段，各地区所开展的生态社区建设试点工作仍存在诸多现实问题，其生态规划设计方法及技术还有待进一步借鉴和完善。具有代表性的项目包括广州科学城建设、杭州生态园建设、上海及西安老城区改造建设等。

德国用于生态社区建设的生态技术和方法处于世界领先水平，对我国生态社区及海绵城市的建设具有积极的借鉴及实践应用价值。本书以20世纪90年代建设的德国柏林城市社区为例,选择案例与我国亟待改造的社区建设的条件近似,内容不仅仅涵盖城市设计、建筑设计、风景园林设计、能源和水资源管理等5个交叉学科的规划设计实践途径,还全面介绍了德国的生态城市建设、生态景观、可持续性城市措施及生态雨洪管理技术等诸多方面,力图将德国生态社区的规划设计、研究及建设应用介绍得清晰透彻。

本书的内容符合中共十八大提出的关于新型城镇化、生态社区和生态城市建设的要求和发展策略,能够满足社会可持续发展和生态文明建设的重大需求,对我国生态城市规划、生态社区设计、生态建设和管理具有积极的意义和价值。

于冰沁

序　言

　　2013—2020 年城市建设与发展的战略重点是针对社会问题和现实需求找到创新性的解决方案。本研究项目研究了城市化进程对德国柏林一个预制装配式住宅区的影响，以及生态社区规划设计的途径。该住宅区原本的功能单一，而通过改造后的生态社区的吸引力增强，并逐渐被社会所接受，这成为住宅区转变与更新的典范。在城市设计、能源工程和水资源管理、风景园林和建筑设计等多学科方面，该住宅区都利用创新和切实可行的方法解决了现有住宅区的问题。这些解决方案不仅适用于德国的其他城市，也同时适用于其他国家的城市社区改造。

克里斯汀·阿伦德教授、博士
柏林工业大学副校长

未来城市的高质量发展需要的是在寻找令人信服的答案和创新智能的解决方案中有实际经验。在柏林豪恩豪森（Berlin-Hohenschönhausen）大住宅区，22 500 套公寓受HOWOGE Wohnungsbauge-sellschaft mbH 管理，因此这是我们发展的首要任务。今年——2015 年，是住宅区成立的第三十周年，整个区都在庆祝。露易斯·金（Luise King）教授带领跨学科学术团队为"重组青斯特"试点研究做出了巨大贡献，该团队提出了通过多学科相互作用来发展城市社区的新途径。

斯蒂芬·弗伦奇
柏林 HOWOGE wonngsbaugesellschaft mbh 经理

作者简介

露易丝·金教授

露易丝·金(Luise King)教授出生于德绍(德国东部城市),毕业于德国达姆施塔特工业大学,曾在巴黎与坎迪斯、乔西克、伍兹等共事。1972年,在美因河畔法兰克福设立办公室,承担规划项目和城市规划咨询,参与城市设计和住宅竞赛(通常与金特·伯克教授合作),加入大赛评委会,进行海内外演讲以及参与建筑杂志编辑(《城市建筑世界》(*Stadtbauwelt*)等)。1972年在BDA任职。教学经历:1974年至1979年,在达姆施塔特工业大学托马斯·西弗茨教授领导的WM城市设计团队任职;1977年至1984年,法兰克福国立造型艺术学院讲师;1985年,柏林工业大学客座教授;1990年,麻省理工学院客座教授;1987年至2005年,柏林工业大学城市规划和人居环境教授。咨询委员会任职:1974年至1990年,法兰克福市城市规划咨询委员会;1989年至1991年,柏林参议院城市设计咨询委员会;1992年至2000年,城市发展、住房和交通部(MSWV)的城市发展和建筑环境咨询委员会。2001年起任城市建筑艺术学校基金会理事,并从2011年起任董事长。露易丝·金在工程师安德烈亚斯·沃伊特(Dipl.-Ing. Andreas Voigt)的协助下完成本研究。

弗洛里安·科尔

弗洛里安·科尔(Florian Köhl)在柏林工业大学和伦敦巴特莱特建筑学院从事研究、教学数年后,于2002年设立法特科尔建筑师工作室。该工作室长期研究如何通过建筑加强人与城市环境之间的联系,成为其建筑作品的主导理念。法特科尔建筑师工作室第一个住宅项目是柏林第一批共同住宅项目之一，于 2009 年获柏林建筑奖（Architekturpreis Berlin）。其工作室当前的目标是开发城市生活和工作的其他参与模式，包括从特殊住宅开发的房产收购到城市发展的基本问题等方向。弗洛里安·科尔是十一小组（Team Eleven）、柏林建筑师联合会（NBBA）和速生城市协会（the *Instant City* association）的创始人之一。法特科尔建筑师工作室研究团队的其他成员包括：阿尔基斯蒂斯·汤米杜朱利亚·多梅尼科尼。

工程学硕士 马库斯·内梅尔

工程师马库斯·内梅尔（Markus Naimer）专注于电热工程研究，2001 年于柏林创建自己的工程工作室（www. naimer. de）。其工作旨在改善大型建筑（如学校、医院、游泳池等）的现有技术设施，激发活力。改进供暖系统、热自来水、照明、制冷和通风系统，在不采取额外措施的情况下减少建筑外壳 30％ 的能耗。

于尔根·魏丁格尔教授

于尔根·魏丁格尔（Jürgen Weidinger）自 2009 年起担任柏林工业大学城市建筑环境学院风景园林系系主任、教授，其研究的主要方向为设计研究。（http://www. entwerfen. tu-berlin. de.）他是 PEP 的创始人之一，PEP 是柏林工业大学的一所博士研究生院，培养执业建筑师和风景园林师。另一个研究重点为风景园林设计的空间质量，而针对风景园林环境设计的理论和方法模型成为该研究方向的解决方法。1995 年，他在柏林创建了设计公司 WLA WEIDINGER LANDSCHA-FTSARCHITEKTEN，主要参与公园、城市广场和（博物馆、医院、大学等的）公共开放空间（www. weidla. de.）设计。工程师朱莉安娜·凯兹（（FH）Juliane Ketzer），工学博士唐会然和于冰沁博士在那里合作研究青斯特社区的改造与更新计划。

工程学博士　亚历山大·瑞治·贝西托德*

　　工程学博士亚历山大·瑞治·贝西托德（Alexander Wriege-Bechtold）是柏林工业大学规划、建筑和环境学院水经济领域的科学助理（院长：马蒂亚斯·巴恩布鲁赫教授（Prof. Dr.-Ing. Matthias Barjenbruch）www. siwawi. tu-berlin. de）。近年来，作为十一工作组的主要成员，在专家委员会（Neuartige Sanitärsysteme）中研究"收集、运输和处理黑水、黄水和棕水的可能方法（Möglichkeiten der Erfassung, des Transportes und der Behandlung von Schwarz-, Gelb-und Braun Water）"。十年间，他致力于多个国内、国际研究项目，探究物料流分离和可持续水资源利用。他同时也针对新卫生设计主题进行演讲和实践。工程学硕士莫瑞茨·阿巴特（Dipl.-Ing.（FH）Moritz Abbate M. Sc.）也就这一主题完成了硕士论文，并对本研究项目作出重要贡献。

*
亚历山大·瑞治·贝西托德为本书作者之一马蒂亚斯·巴恩布鲁赫教授的科学助理。

译者简介

于冰沁

北京林业大学博士,上海交通大学、德国柏林工业大学博士后,上海交通大学设计学院风景园林系副教授、硕士生导师,研究方向为风景园林历史与理论、风景园林生态规划设计、海绵城市研究、城市生态社区研究、城市社区游憩研究等。上海市科技启明星入选者、上海市科委专家库入选者,曾获得全国混合式教学创新设计竞赛一等奖、上海市教学能手、三八红旗手等荣誉称号。

近年来,主持国家级及省部级课题5项,参与国家级和省部级重点项目9项;曾在SCI/SSCI/EI期刊上发表论文5篇,国际专业主流期刊及国际会议上发表论文40余篇;申请国家发明专利7项;出版专著7部,并参与编制上海市海绵(绿地)城市建设技术、运营维护导则3项。

目　录

城市

水文

能源

建筑

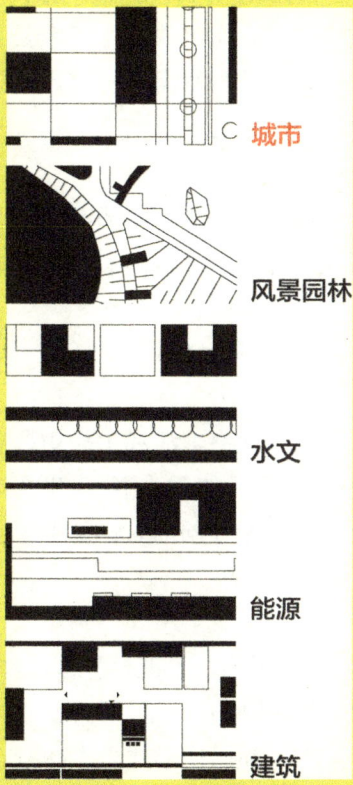

城市

风景园林

水文

能源

建筑

城市

1. 都市主义的指导原则

露易丝·金 执笔

1.1 城市社区的发展

柏林的城市规模正在不断扩大。在柏林城市中心区的外部开发更多建筑区域之前,应找出并运用所有具有可行性的方案来开发城市社区,确定住房存量——这不仅适用于城市的中心区域,也适用于郊区住宅区。

1.2 从工业时代的功能单一、汽车便利型的大型住宅区到现代服务型社会的活力社区的演变

以下是本研究和实践的主要目标:

功能多样化

在服务型社会中,可以尝试将生活和工作更紧密地联系在一起。这种共存关系促进了交流和沟通、有助于减轻交通拥堵,创造一个更"集约的社区";同时,城市社区也更具多样性。

社会多样性

东德(GDR)的大型住宅区最初是混合社区。在"柏林墙倒塌"之后,移民和"功能隔离"便开始了,因此我们应面向未来,努力将各种多样生活方式和居住形式再次融合在一起。

通过可持续的流动战略恢复公共空间

所有城市的运转中枢都是公共空间系统。作为城市社区的公共空间,应该为公众的共同利益服务。而在过去,大型住宅区都是"汽车便利型城镇",很大一部分空间都被车行道路或停车场所占据,基本无法进行公共空间的建设。本研究与实践则致力于通过最新的方法,尽最大可能,使交通与

居住和环境兼容。如此,公共空间就可以重新成为城市社区中的宜居之地。

城市设计质量

以上提到的构建"混合功能型城市社区"的所有方法可能会产生差异性和多样性。但在城市设计方面,占主导地位的大规模街区和公共开放空间缺乏多样性和合理的空间占比——而这是社区达到住宅质量标准的主要要求。因此,更新规划设计中所有新增的建筑和设施也应按照更合理、多样化、互相交流的公共和私人空间的标准进行重组,即通过各种创造性途径,有效建立城市社区公共空间与居民生活之间的活跃对话与沟通。这些有效的干预不仅不会影响当前城市设计的主要体系,相反,这些干预是城市社区社会体系的产物。

2. 研究对象概况及其发展潜力

2.1 城市空间结构

　　柏林郊区南北向的电车铁轨和东西向的法尔肯贝里公路(Falkenberger Chaussee)城市交通动脉在此纵横交错,将城市社区分割为 4 个不同的区域和建设阶段,这些居住区的城市设计和建筑都采取不同的城市化策略(见图 2-1)。第一建设阶段是"青斯特街(Zingster Straße)"住宅区(始建于1984 年),内部多为 11 层建筑,是早期住宅区"功能分离"的典型代表;而最后一部分"克鲁梅池沼(Krummer Pfuhl)"于1989 年完工,明显表现出后建建筑的特点,即楼层偏低,且城市结构不断变化。

图 2-1
新霍恩豪森区

由电车轨道和城市主干道分隔
的四个社区修建阶段:
慕兰康特
青斯特大街
文森特·梵高大街
克鲁梅池沼
建造时间:1984—1989
航测图来自:城市发展部

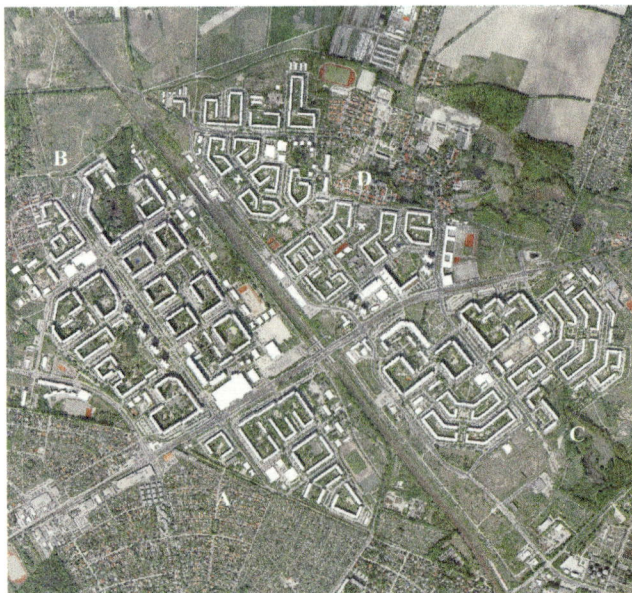

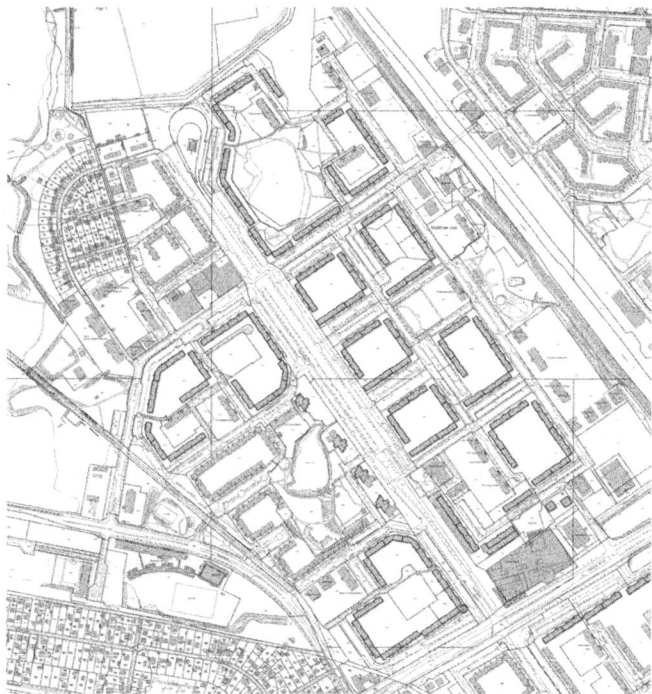

图 2-2
青斯特社区

东边沿线铁路和与青斯特大街平行的电车线
城市发展管理局（2015）：局部放大图
网址：http：//fb inter. stadt-berlin. de/fb/wms/senstadt/berlin-zoom? REQ UEST＝GetCapabilities&SERVICE＝W MS&VERSION＝1. 1. 1 & browser＝true［abgerufen am 23. April. 2015］.

　　早在 20 世纪 80 年代，东西德就已经开始出现不在郊区建住宅区的趋势了。在接近市中心的位置建立更多高层建筑成为城市规划者关注的焦点。因此，位于柏林郊区瓦尔滕贝格（Wartenberg）的社区——新霍恩豪森区（Neu-Hohenschönhausen）（见图 2-2）被称为"战略后卫"，其中"青斯特（Zingster Street）"住宅区（见图 2-2）尤其具有代表性。

　　我们希望可以依托该居住社区已有的大量逻辑清晰且坚实的空间结构，及其"汽车友好城镇"的交通和公共空间系统，给未来城市生态社区的设计实践提供一种特殊的、创新性的途径，为其他相似的城市生态社区更新提供一个可以效仿的案例。

2.2　选址原因——城市规模扩大和内部发展

　　如果能够合理解决该地区现存的功能单一、社交隔离、街道拥挤、停车场过多、城市景观令人担忧等现实问题，那么青斯特街所在的住宅区很可能会成为一个颇受欢迎的城市社区。实际上,该地区拥有成为城市生态社区的最有利条件:方便乘坐地铁或有轨电车、接近巴尼姆高原等;此外还有风景优美的景观因素,如湖泊、森林和茂盛的植被景观等,这些元素创造出一幅优美的画卷,令人印象深刻、流连忘返。

柏林人口在不断增长,需要更多的新住房,因此我们需要重新考虑公寓的供应问题——而这一事实则为该地区提供了新的机会与挑战。尽管低成本仍然是城市社区建设的首要原则,但有吸引力的居住形式和多功能的公共空间,在执行集约化住房政策的同时也应纳入当前社区住宅区建设的思考。

不仅仅是现在,随着全球城市化进程的加快,柏林还需要应对未来更快速的人口增长。据世界人口德国基金会的统计:德国城镇人口比例现在为 75%,2050 年将上升到 83%。尽管德国人口增长速度没有其他国家和地区那样迅猛,但无论何时,城市设计的主要任务都是——在城市向周边扩展和开发新住宅区之前,应尽可能地挖掘已建成社区的内部潜力。如果可能的话,可以使现有居住形式更密集。这种方法不仅可以应用于位于城市中心区域的社区,也同样适合位于城市郊区的大型居住社区。这为城市未来的发展提供了另一条途径:每一次社区内部空间潜力的挖掘都给城市社区的更新和城市的可持续发展创造了机会。

3. 城市社区—目标—战略

3.1 城镇和景观——空间划分的特征

青斯特大街是该社区的一条主干道,街道上有电车轨道、人行道、自行车道和绿化带等。即使在今天,青斯特大街的周边环境也是一个高端的公共空间,横穿整个居住社区。它是城市和乡村之间清晰而明确的纽带。在青斯特街的东西两面,是具有截然不同特征的两个半区。

——街道东边,在电车轨道和铁轨之间是建设程度较高的住宅区域,内部多为密集的、规则的、坚固的11层高楼。

——街道西面,呈现出乡村景观,各种不同风格的别墅建筑高低林立,环绕着巴特尔湖,与果蔬园等乡村景观相互毗邻。

青斯特社区的北部景观独特且复杂,包含利比尼萨(Ribnitzer)大街、瓦尔滕贝格火车站、购物中心、社区机构建筑群等,使其呈现出"城乡交错带"的特殊面貌。然而,这些复杂的城市景观和北部绿化带紧密交织在一起,成为由城市到广阔乡村景观的过渡区。社区西部则独栋别墅林立,东部湖泊和森林景观与高层建筑并存。

3.2 绿色"青斯特"轴线和城市轴线

该社区的中枢是青斯特大街本身,可以成为一条生态轴线和柏林城市与乡村之间连接的纽带(见图3-1)。

轴线的一端连接巴特尔湖泊,成为该社区原有布局的一个显著特征。同时,社区中高层建筑的排列方式、道路交通

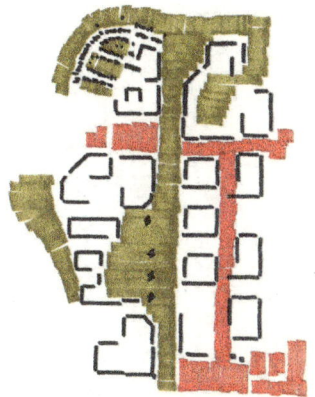

图3-1
青斯特社区的绿色轴线与交通轴线

体系等也均加强了湖泊和街道轴线之间的联系。我们应该强调并且延续这条青斯特社区中的轴线关系，使社区原有的城市结构尽可能不受干扰。

另一方面，青斯特大街东部的城市化潜力更大，可以为开发和建设密集化的城市社区提供示范性的样板。阿伦斯霍普（Ahrenshooper）大街与林登（Linden）购物中心相连，形成了社区的南北向轴线；而利比尼萨大街通往瓦尔滕贝格火车站，又形成了社区的东西向轴线，这有利于创建多功能的城市社区主轴线。

3.3 车行交通组织

车行交通的组织也需按照青斯特街两侧不同社区结构特点而建：青斯特社区的交通系统将形成一个独特的规则结构网络（见图 3-2）。大多数情况下，我们可从西边的达瑟（Darsser）街进入青斯特社区的西侧。这可以进一步加强"青斯特社区的绿色区域"和巴特尔湖泊之间的联系（见图3-2）。（高层建筑里的居民应该适当远离车行道路，因此规划师可以将停车场建在车行道路系统的尽头，或者修建在地下。）

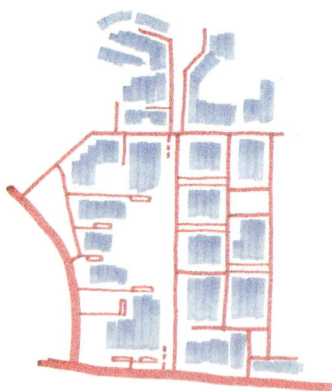

图 3-2
社区内部的车行道路与停车场

3.4 混合功能——工作空间

在工业时代，工厂污染严重，因此有必要将生活和工作空间严格区分开。而在"第三产业"时代，服务行业和各种生态友好型、互不影响的行业则可以适当拉近彼此的距离。这种共存关系使城市社区更具有多样性，也丰富了社区的公共空间，明显改善交通状况。

要将单功能住宅区改造成"混合功能"的城市社区，我们必须考虑新增工作空间的位置的合理性。根据用户需求以及环境条件的不同，可以在城市社区内增设不同大小、空间粒度和位置的工作空间（见图3-3）。

新增工作空间的可选位置大概可分为以下 3 类：

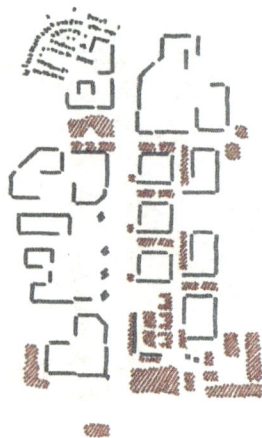

图 3-3
新增工作空间的位置

（1）可达性最高的区域即重要的公共区域，如火车站或主干道周边的区域，可增设大型综合楼或建筑群。社区居民上下班来来往往，可以有效促进社区内的交流和沟通。

新增的工作空间可以选择以下地点：

——霍恩豪森区和瓦尔滕贝格地铁站的周边区域，尤其是霍恩豪森区站，因为它位于交通主干道旁边；

——法尔肯海格纳公路（Falkenhagener Chaussee）和达瑟街的交汇处，为防止道路噪声影响，可在该区域的边缘建造防噪装置。

（2）中心位置是该社区内部最有利的位置，可在高层独立建筑或建筑群中增设中小型公司。新增的工作空间可选择在集约化社区的主轴线（阿伦斯霍普街、利比尼萨街和阿伦斯霍普街的十字路口处），或者改造原有建筑，或选择青斯特社区的绿色轴线两侧。

（3）最后，工作空间可以选择增设在公寓的私人区域。在这里，生活和工作密切共存、相互交织，这是自由职业者的普遍选择。现代社会对家庭办公室的需求不断增加。（一项对第三产业比特彗星（Bitcom）协会的调查显示，44％的工作人群会考虑在家工作，42％的人则从未想过在家工作。）因此，城市社区应提供有利条件来支持这类工作选择，应考虑到工作空间和公寓的融合。

3.5 社会的多样性—居住空间的选址

从历史上看，欧洲不同区域的城市因社会和人口种族等问题而发展进程各不相同。特别是随着城镇规模变大，往往会产生一些不利于未来发展的因素，导致发展不平衡。然而，德国东部的居住区是一个例外，多样的人口群体可能共存并且成为一种常见的现象。柏林墙的倒塌标志着移民和分离现象的开始，因此新的建设需要致力于以未来为导向，鼓励不同生活方式的共存。

由于柏林的经济适用房已经开始短缺，大量的人口，无论贫富，将会搬到这里，因此这种类似青斯特社区的预制装配式公寓建筑是必不可少的。然而,青斯特社区现有的社会结构已经很不平衡了,应该整合,创造丰富多样的、新的住房形式,针对不同年龄人群建造不同户型,如独立的单元或共享单元,以供租赁或自住[1]。

可以通过改造现有住房或新建住房来创造新的住房形式。在青斯特社区的绿色轴线沿线、阿伦斯霍普街的十字路口附近区域均可以发现一些适合增设新的居住空间的有利位置。例如,围合的庭园内可以增设不同预制装配式建筑,以此营造庭院中更友好的社交氛围,同时丰富建筑空间的生活质量(见图3-4)。这些庭园中新增的建筑空间可能成为社区中的新公共区域,为周边的建筑物和其高大外立面提供更多结构的变化,并使周边建筑物看起来不那么高耸。额外的中庭步道和休憩广场等连接了庭园的内外部,这可能会使其渗透性更强。此外,屋顶露台的充分利用,也可以使建筑和公共空间更具多样性。

庭园中增设的建筑物拥有不同结构,这不仅有助于重新建构城市肌理,改变居住和公共空间的规模,还有助于创造社区自身的特点和独特氛围[2]。而这正是现状建筑所缺乏的特质。甚至社区的主要商业区也可以设置一定的居住区域,例如购物中心周边的高层建筑,以及瓦滕贝格轻轨站旁边的高层建筑群(见图3-5)。

3.6 文化/社交生活/休闲

目前,青斯特社区中教育、社交、生活和休闲区域的交通便利,但位置比较分散(见图3-6)。学校建筑群、商业街、购物中心、电影院等分散在瓦尔滕贝格轻轨车站和多条社区主要街道沿线。为实现城市社区的文化、社交和休闲的功能多样性,可在学校建筑群、商业中心等建筑群中增设健身房、小型图书馆、适合不同年龄段的活动室等基础设施,形式可以采用前文提到的预制装配式低层建筑,但一定要靠近公共场所,如青斯特大街的沿线等(见图3-7)。甚至,为独立艺术家们开设排练室和工作室,方便城市社区公共空间的重建

1
参见"建筑"章节

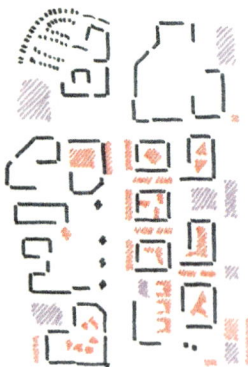

图3-4
居住、文化、社交、休闲区

2
参见"建筑"章节

阿伦斯霍普街

利比尼萨大街

阿伦斯霍普十字大街

图3-5
"混合功能"是城市社区的交流的基础

图 3-6
庭院中增设的建筑及外立面装饰效果

（例如：新公寓、社区图书馆等）
4 层高的新增"低层社区建筑"
多样而统一：
主要结构：原有预制装配式建筑
二级结构：新增建筑

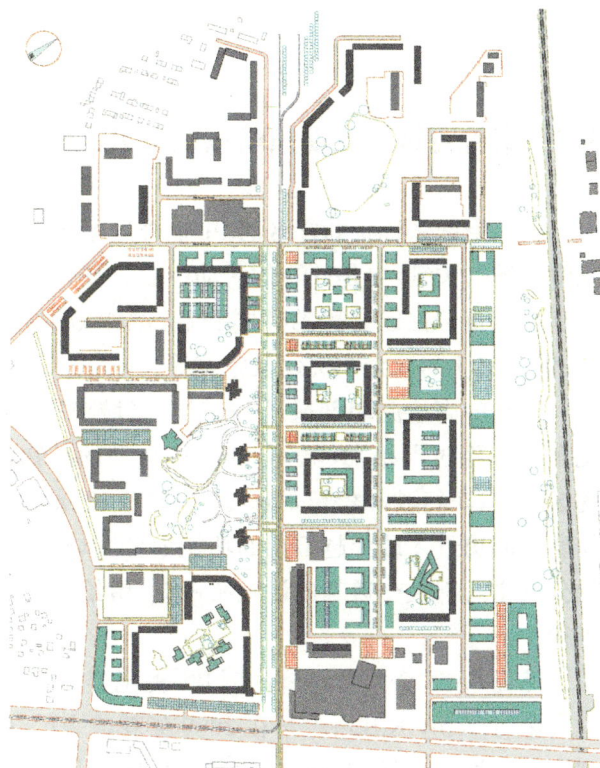

图 3-7
新增建筑空间位置示意图

（见图 3-8）。同时，这也是柏林"工作室委员会"专员弗洛里安·施密特（Florian Schmidt）所提倡和主张的。

图 3-8
阿伦斯霍普十字大街

西南视角
新建筑物：
一楼和二楼：商业
三楼和四楼：住宅

3.7　实施可持续流动策略以恢复公共空间

公共空间系统犹如社区的"中枢神经系统"，是城市社区正常运转的关键，也是社区的活动中心。城市社区的公共空间利用应符合社区居民的共同利益，例如提供商店、社会服务、促进交流的社会和文化设施等等。

汽车的高速流动创造了"汽车友好城市"。大型住宅区是多年来经过严格功能区分的交通类型的产物：行人行走的区域、汽车行驶和停留的区域、电车轨道、绿化带等，行人需要鼓起勇气才敢穿越不同的功能划分区域。彼时，社区内的公共空间都被交通基础设施所占据，留给居民使用的空间则很少。

然而，在这个共享经济的时代，美国经济学家杰里米·里夫金（Jeremy Rifkin）[3] 早在 2000 年就曾表示，可将公共空间恢复为城市生活空间。他坚信"物资时代即将结束，资产时代已经开始"，该理念也适用于汽车行业。共享汽车如今是很多城镇日常生活的一部分；通过智能手机应用程序，城市间顺风车业务日渐普及；德国和其他发达国家（日本、加拿大、瑞典、韩国或英国）的交通研究人员得出结论：有驾照[4]

3
Rifkin, Jeremy: Access-Das Verschwinden des Eigentums. Frankfurt am Main 2000.

4
1/4 的 34 岁以下的美国人没有驾驶执照；2000—2009 年间，这个年龄段的行驶里程下降了1/4。

或私家车[5]的年轻人已经越来越少了,这足见汽车的使用也早已进入资产时代。汽车所有权与使用权的分开将使大部分城市免受车辆交通和停车的影响。2013年之前的柏林参议院城市发展管理局交通部负责人弗里德曼·昆斯特(Friedemann Kunst)表示:私人汽车90%的时间都被停在停车场,因此可得出如下经验值:可在市中心[6]用15 000~20 000辆共享汽车代替100 000辆私家车。

青斯特社区的公共交通便利,既可通过轻轨到达,也可乘坐电车到达。根据调查,青斯特社区超过50%的停放车辆不会在白天移动。因此,现存的交通和停车空间可以部分恢复为公共空间,使其再次成为公共交通型的居住社区。这可以大幅地减少开车和停车所占据的过多空间。相邻的建筑也可以用于社区交流,如改造后建筑的一层空间,或者新植入的建筑空间[7]。城市社区内应采取一定措施,规定车速不得超过30km/h,甚至20km/h;实施汽车共享策略,在保证车位充足的前提下减少沿街停车位。甚至,策略还应包括目前正引起激烈讨论的电动汽车的使用等等。当步行距离过远时,可用其他交通和运输工具(代步),比如残疾人使用的小型电池供电车辆等等。部分年纪大的居民无法完全依靠骑自行车或驾驶电动汽车,为了节省空间,建议使用生态友好型的助动车作为交通工具的补充。

重新设计青斯特社区的交通空间是本研究的首要任务。可以利用位于社区中央的"绿色轴"和水景观[8]节约交通运输空间(见图3-9)。极端的"交通种类区分"是过去对不同功能进行分区规划的教条,"交通种类分离"将会被"交通种类分组"所取代,从而创造一种新的共存形式。现状中存在的为使交通流顺畅而设计的大量车行路、路障、停车道、人行道、自行车道、各种绿化带和被栏杆和植被隔开的电车轨道等等——这不仅浪费了公共空间,也不方便行人穿过马路。未来,人们不仅能在汽车道和电车道上走路和骑车,还可充分利用散步道。(预计未来该社区的汽车流量将大幅减少,因此可在电车轨道的最后1 200 m处灵活地设置。)

5
Schumann, Harald: Die Zweckmobilisten. In: Der Tagesspiegel, 12 April 2014, P28

6
Kunst, Friedemann: Stadt und Auto-ein Konfliktverhaltnis. In: Stadtbauwelt, vol. 105, issue 24, 2014, p. 17.

7
参见"建筑"章节

8
参见"风景园林"和"水资源"章节

图 3-9
交通与停车空间规划

阿伦斯霍普十字大街
停车场和排水系统

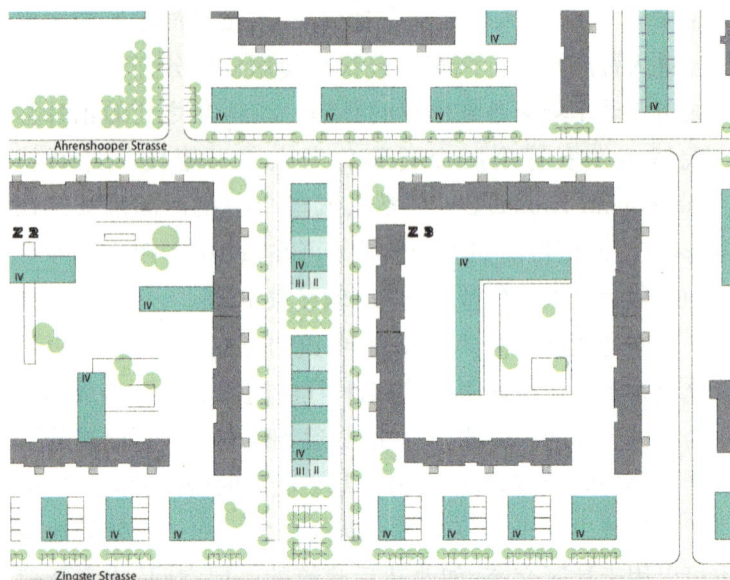

3.8 城市设计和谨慎地集约化——"亚结构"

以上为建造"多功能城市"提出的所有策略虽有利于包容差异化和多样性,但主要适用于以 11 层的高层建筑为主的、户外交通空间面积过大的城市系统,缺少对各个功能区面积占比的说明,也难以保证生活质量。因此,一种新的折中方案得以提出,既能增建公共空间,又能符合并遵循场地印记和发展策略。

4 层楼高的"低层城市"将作为城市总体形态的补充,"低层城市"既能发挥功能作用,又有社会效益,而现在的城市设施却不能二者兼顾。"亚结构"将重塑公共和私人开放空间,创造性地缩小设施规模并丰富现有空间。该策略将使社区街道的宽度减至合理范围,使其排列整齐,重建庭院空间并缩小设施规模,以达到通过建筑不同的结构布局创造出不同的使用功能。

4 层高的"低层城市"包含以下 5 种要素（见图 3－10）：

（1）沿青斯特大街预制装配式建筑前的绿色轴线布置的住宅楼；

（2）为重建阿伦斯霍普街和利比尼萨街沿线公共区域的成排的商务楼；

（3）沿阿伦斯霍普街的十字街增设混合功能的新建筑物（3 楼/4 楼的公寓）；

（4）庭园中成排或聚集的独立建筑；

（5）乌斯特罗尔（Wustrower）街和自然景观之间的文化休闲条形地带，与阿伦斯霍普街高度相似，并与住宅区的中心相连，中间是学校、文化建筑群以及开放式广场。

三个高层建筑群大小不同，以商业用途为主，是周边住宅区的补充：位于法尔肯贝里公路和达瑟街的交叉口，靠近霍恩豪森区和瓦尔滕贝格轻轨站。

3.9　基本构成：单元、居民、工作

A1

现有住宅区：

58 179.00 m²（建筑面积），582 个单元，居民：1 250 人

图 3-11

新建商业区：

　　一个 4 层楼高的角楼，阿伦斯霍普街 5 200 m²（建筑面积），4 个 3 层楼高的沿街建筑，可提供 150 个工作岗位

新建住宅区：

　　沿阿伦斯霍普街建筑的 4 层楼：960 m²（建筑面积），10 个单元，居民：126 人

　　庭院内新增建筑：6 336 m²（建筑面积），63 个单元

A2

现有住宅区：

58 179 m²（建筑面积），582 个单元，居民：
1 250 人

新建商业区：

沿阿伦斯霍普街建筑的三层楼：4 725 m²（建筑面积），可提供 135 个工作岗位

新建住宅区：

沿阿伦斯霍普街建筑的四层楼：1 260 m²（建筑面积），13 个单元，居民：28 人

庭院内成排的房子：74 个单元，居民：150 人

A3

现有住宅区：

57 908.4 m²（建筑面积），579 个单元，居民：1 220 人

新建商业区：

沿阿伦斯霍普街建筑的三层楼：2 250 m²（建筑面积），居民：65 人

新建住宅区：

沿阿伦斯霍普街建筑的一层楼：600 m²（建筑面积），6 个单元，居民：13 人

庭院内：7 400 m²（建筑面积），74 个单元，居民：160 人

Z1

现有住宅区：

51 549.3 m²（建筑面积），515 个单元，居民：1 100 人

新建商业区：

沿青斯特街一层建筑：400 m²，可提供 12 个工作岗位

沿利比尼萨街的建筑：8 344 m²（建筑面积），可提供 240 个工作岗位

新建住宅区：

沿青斯特街：4 080 m²（建筑面积），41 个单元，居民：88 人

图 3-12
青斯特社区基本构成示意图

庭院内：别墅：4 096 m²（建筑面积），41
个单元，居民：88 人

Z2

现有住宅区：

51 549.3 m²（建筑面积），515 个单元，居
民：1 100 人

新建商业区：

沿青斯特街一层建筑 400 m²（建筑面积），
可提供 12 个工作岗位

新建住宅区：

沿青斯特街：4 080 m²（建筑面积），41 个
单元，居民：88 人

庭院内：4 416 m²（建筑面积），44 个单元，
居民：92 人

Z3

现有住宅区：

51 549.3 m²（建筑面积），515 个单元，居
民：1 100 人

新建商业区：

沿青斯特街一层建筑：400 m²，可提供 12
个工作岗位

新建住宅区：

沿青斯特街：4 080 m²（建筑面积），41 个
单元，居民：88 人

庭院内角楼：4 800 m²（建筑面积），50 个
单元，居民：100 人

图 3 - 13a
青斯特大街部分立面图

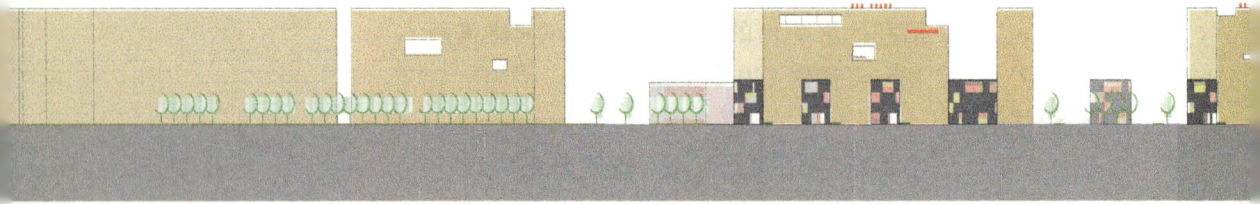

Z4

现有住宅区：

26 348.1 m²（建筑面积），263 个单元，居民：526 人

新建商业区：

U 型结构中的大厅和其中两层楼：21 632 m²（建筑面积），可提供 600 个工作岗位

新建住宅区：

U 型结构中的两个楼层：8 424 m²（建筑面积），84 个单元，居民：180 人

Z5

现有住宅区：

98 363.1 m²（建筑面积），984 个单元，居民：2 000 人

新建商业区：

沿达瑟街和法尔肯贝里公路建筑的三层楼：10 800 m²（建筑面积）（另外一个楼层作为停车场），可提供 300 个工作岗位

4 个两层建筑：1 800 m²（建筑面积），可提供 50 个工作岗位

新建住宅区：

4 个两层建筑：1 800 m²（建筑面积），18 个单元，居民：36 人

Z5 庭院：40 个单元，居民：85 人

Z6

现有住宅区：

图 3-13b
青斯特大街部分立面图

60 073.2 m²（建筑面积），984 个单元，居民：2 000 人

新建商业区：

利比尼萨街建筑的 4 层楼：8 700 m²（建筑面积），可提供 250 个工作岗位

新建住宅区：

青斯特街：1 280 m²×3＝3 840 m²（建筑面积），38 个单元，居民：80 人

庭院内：50 个单元，无居民

居民楼 池沼湖附近：4 层楼，16 个单元，居民：35 人

三条横街上的遮蔽式停车场

新建商业区：

街道一：两层层高，4 224 m²（建筑面积），可提供 120 个工作岗位

街道二：同街道一

街道三：3 240 m²（建筑面积），90AP

新建住宅区：

街道一街道二：每条街各两层楼建筑，40 个单元，居民：80 人

街道三：2 376 m²（建筑面积），24 个单元，居民：50 人

法尔肯贝里公路区域/铁路

（住宅区适合的位置：漫步区、3 排房屋、独立式建筑和沿法尔肯贝里公路的 2 层楼高的车库）

新建商业区：

约占 90 000 m²（建筑面积），可提供 2 500 个工作岗位

新建住宅区：

约占 20 000 m²（建筑面积），200 个单元，可提供 400 个工作岗位

瓦尔滕贝格轻轨站附近建筑

（混合用途的高层建筑、商业建筑和文化、艺术家工作室）

新建商业区：约占 13 000 m²（建筑面积）可提供 370 个工作岗位

新建住宅区：约占 3 600 m²（建筑面积），36 个单元，居民：75 人

青斯特社区（见图 3-11、图 3-12、图 3-13）　总计

现有住宅：A1—Z6 建筑：约 11 000 个，居民：约 19 000 人，其他建筑：约 8 000 个

新建住宅[9]：大约 1 044 个单元，居民：2 100 人

新产生工作岗位：大约 5 000 个

3.10　构建多元化、综合功能城市社区的方法

在城市发展的早期阶段，功能分离是无可厚非的，但功能的划分对城市的两种趋势均产生了影响。市区、郊区、生活区域和受工业污染的工作区域被合理分开。在市中心，办公室、行政大楼和商业建筑聚集在一起，而城市居民（至少是较富裕的人群）开始向城市外围迁移。不论是在郊区还是在市中心，分离原则所引发的问题和弊端在城镇不断发展的过程中逐渐凸显，当商业建筑群和住宅区的规模越来越大、市中心的办公楼越来越密集的时候，功能分离导致的问题才会显现出来。

随着大都市的涌现，《自由土地法》和 1962 年《联邦建筑使用条例》的颁布，上述两种趋势都在加强。从那时起，正如汉堡市建设局局长耶尔恩·沃尔特（Jörn Walter）所批评的那样，"只修改了一些细节，但其主要内容特征并没有得到变革"。"虽然总是能找到解决方案，以满足建造'有活力、集约化和多样化'的城市的目的，但时机已经成熟。"他认为，因为彻底改革将再次将《联邦建筑使用条例》转变为"城镇居民赞同的、达成社会目的的辅助工具"。《自由土地法》内容的趋势并未发生太大的改变，如在柏林城市中心建造豪华公寓反映了"经济原则"的影响力。而汉斯-约亨·福格尔（Hans-Jochen Vogel）早在 1972 年就对此原则提出批评。

尽管城市发展模式的转变存在诸多困难，但"青斯特社

9

未考虑因素：预制装配式建筑中已存在的工作场所（例如 Z4 区块或高层建筑中的一层）或由于一层建筑改造、庭园内部建筑或公共空间的增加而可能造成的未来损失）。

10

Walter, Jorn: Eine nutzlose Verordnung. In: Deutsches Architektenblatt, vol. 47, issue 2, 2015, p. 35 f. , here 35.

区"的规划设计达成"社会期望目标"的潜在条件却相当有利。公寓建筑的多样化(如在内部庭院中增设低层公寓)主要应用于建筑协会、房产公司或个人的私有房产。此外,"汽车友好型城市"时代过后,大面积建筑、交通、公共空间被搁置,遗留了很多问题。过去为行驶和停放车辆而留出的超大区域可以作为新增的建筑空间,以实现"有活力、集约化和多样化"的目标。通过实施这个策略,柏林城市一方面可将单功能的住宅区发展成一个可居住的、可持续的社区;另一方面也可为同类项目的规划与建设示范树立可以参考的样板。

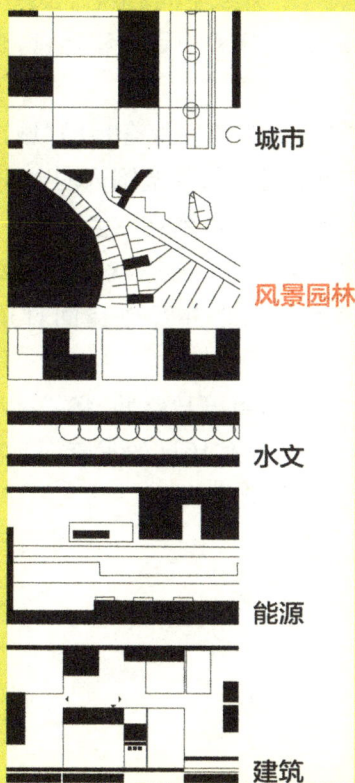

城市

风景园林

水文

能源

建筑

风景园林

4. 风景园林学的论题

为改造"单一结构城市"的规划和公共开放空间,将其打造为"混合功能"的可持续城市社区,对于社区规划和公共空间保护的相关部门,应重新安排其管理范畴。

应取消交通、水利、供能、开放空间、生态、公共交通等子管辖单位,停止各自为政的预算和项目工程运营,建立综合的建设与管理系统。

为打造"混合功能城市",需建立综合性的"城市规划办公室"。这样一来,所有处于独立管辖范围内的空间和设施,都将成为综合城市规划中可调用的潜在元素[1]。

未来风景园林学的一项重要任务,就是重组所有相关学科的功能和潜力,为不同的公共开放空间打造独特的氛围。

打造一系列各具特色的公共开放空间,将提高混合功能社区的吸引力,以分散通往各地休闲区的车流。新霍恩豪森的住宅区鸟瞰图如图 4-1 所示。

1

更多详情,请见于尔根·魏丁格尔:《在景观和城市空间之间:开放空间建筑在城市进一步发展中的作用》(Zwischen Landschaft und urbanem Raum. Die Roller der Freiraumarchitectur beim Weiterbau der Stadt. In: Deutsches Architektenblatt, issue 7, 2001, eastern ed, p. 6 - 8.

图 4-1
新霍恩豪森住宅区(后页)鸟瞰图(见下页)

参议院城市发展部(2015):数字彩色照 2014 链接:http://fbinter. stadt-berlin. de/fb/index. jsp? Szenario = fbinter_jsc[2015.5.7].

除特别注明,所有图片均为作者所制。

于尔根·魏丁格尔
Jürgen Weidinger

5. 风景园林学的研究问题

本文旨在重新审视市郊住宅社区的风景园林设计"艺术",以提出解决问题的新原则,这些原则也同样适用于城市结构相似的国家和地区,尤其是位于主要城市边缘的、功能单一的"睡城"。

该跨学科研究团队主要的研究问题是,如何将功能单一的社区转型为充满活力的、有吸引力的、功能多样、可持续发展的住宅区。作为现代主义设计的产物,功能分区的范式不仅影响了城市分区,如生活区和工业区,同时也导致乡村和开放空间成为我们所批判的"混杂"区域。风景园林设计必须有针对性地处理这些分散的功能区的基础结构,包括交通、废物处理及自然环境保护等等,以挑战公共和私人开放空间之间的模糊关系。

值得注意的是,当代风景园林学中的规划设计方法和专业技术已高度发达,足以实现上述目标。因此,研究的第一步就是评估风景园林学的逻辑框架,并针对景观和开放空间的管理和维护方式提出整改意见。风景园林学的相关论文综述将阐述这一批判性的问题,以及从中得到的建议。

第二步是利用"基于设计的研究"[2],提供以风景园林设计为解决方案和基础的案例,以支持本文中提出的建议。在这一过程中,我们将向专家呈现我们的主要结论及其中提炼出的解决方案,以便其深入探讨这些问题。

"青斯特街"社区的局限性与可能性

如前文所述,"青斯特街"社区发展的现状所暴露的缺陷

2
见于尔根·魏丁格尔(编著)《基于设计的研究》(Entwurfsbasiert forschen). Berlin, 2013.

图 5 - 1
地区局限性

整条大街由停车场和绿色隔离
带覆盖
照片来源：亚切克·鲁塔 2015

是分散型城市结构的通病（见图 5 - 1）。例如，车道上各交通
工具难以通行，宽敞的停车场直接坐落在该区中心部位，地
面供热管道阻碍通行，内部庭院由围栏隔开，嘈杂的游乐场
设在庭院内，边缘缺乏实用性，占地面积过大，林木种植非群
落化，通往周围的道路不足，整体景观单调，开放空间呆板，
等等（见图 5 - 1、图 5 - 2）。

　　不过，"青斯特街"社区改造的项目也为位于城市边缘的
分散型城市结构的优化提供了独特的潜在方案。早在"青斯

图 5 - 2
场地现状

照片来源：亚切克·鲁塔 2015

3
另见：于尔根·魏丁格尔《景观建筑和技术基础设施》于：Altrock. R./Kunze, Ronald/Pahl-Weber, Elke/von Petz, Ursula/Schubert, Dirk（Hg.）:《城市更新年鉴》2006/07.《城市更新和景观》，柏林 2007，p. 145—158.

特街"社区住房开发建设前，其广袤开阔的开放空间、毗邻乡村的地理位置、农村风貌（池塘、树林、附近的村庄和农舍之类）等大量元素就已决定了这块区域的景观风貌（见图 5-3、图 5-4）。此外，该区域有其独特的潜力：街道、电车、铁路等形成了社区良好的交通纽带。得益于 20 世纪 80 年代以来的城市基础设施建设，社区的边缘地带也拥有广阔的公共空间。

我们将在风景园林学的协调下，凝聚城市设计、水资源管理、能源工程和建筑设计等各学科之力，消除这些缺陷，开发社区现有的潜能[3]。

图 5-3
"青斯特街"社区由乡村景观环绕

图 5-4
不同用地类型的划分

农田
花园
自然区

5.1 开发多样化的开放空间网络

公共空间是一种决定性的空间结构,延续了"混合功能城市"的经验和效用,开放、自由的公共空间尤是如此。人们在公共空间走动、交流、社交,利用其场地,参与其活动。公共空间将居民的居住空间融为一体,使一切井然有序,同时创造各种空间氛围。通过合理设计、整合交通和布置基础设施等策略,在总体规划设计构想中整合当前被"藩篱"和"屏障"隔断的功能空间,从而减少基础设施建设所需空间,降低安装和维护设施的成本。

"青斯特街"社区的基本城市规划与上述策略一致。该社区西部的景观如公园一般,而东部则更加城市化。大型的公共空间构成了该区域的基本框架,连接临近区域。我们的目标是兼顾灰水管理和生态影响的生态功能要求,在满足当前居民实际需求的同时,继续提升这些大型公共区域的独特空间品质(见图 5-5)。

"青斯特街"社区被东部的农业区和尚未开发的韦森公园(Wiesenpark),以及北部的沿马尔乔湖(Lake Malchow)而建的公共公园所包围(见图 5-6)。蓝绿大道穿过其中心位置,将其一分为二。我们计划将交通、基础设施、自然保护与开发的预算用于资助该大型公共空间的景观设计(见图 5-7、图 5-8)。该策略将实现渐进式的社区改造,而这一点靠当前景观设计和公共空间的预算是无法完成的。

除大型公共空间之外,我们还将重新设计小型公共场所,如城市街道、广场及毗邻公共建筑、学校、购物中心附属的小型广场等。由此形成网络纽带可使行人、单车、坐电动轮椅的老年人都能畅通无阻,来去自如。必须指出的是,该计划的必要前提是减少机动车辆的通行和停车设施。

得益于特定经济、技术和社会变革,这些目标都是可以实现的。这些社区更新与改造措施包括:在路边安装雨水调蓄池,引入创新型排水系统;重新安装路缘石,重新设计公

图 5-5
"青斯特街"社区的总体规划设计平面(见下页)

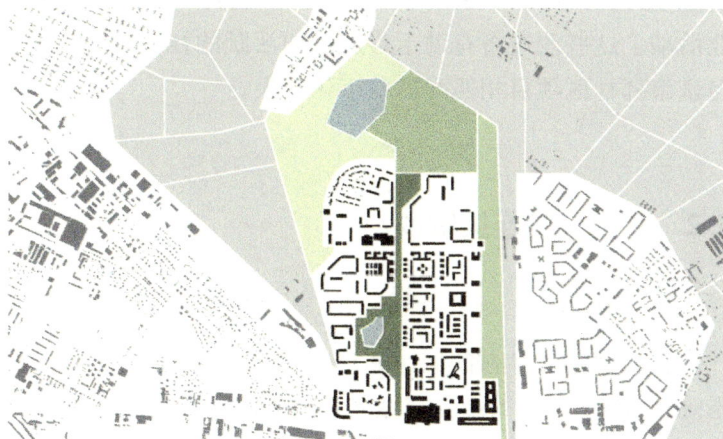

图 5-6
不同类型的公园

■ 蓝绿大道
■ 城市公园
■ 韦森公园

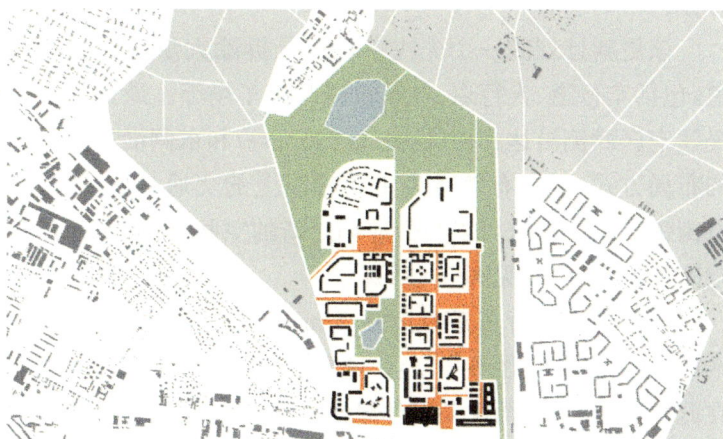

图 5-7
开放空间网络

大型公共空间与街道、广场一道,构成了多样化的开放空间网络

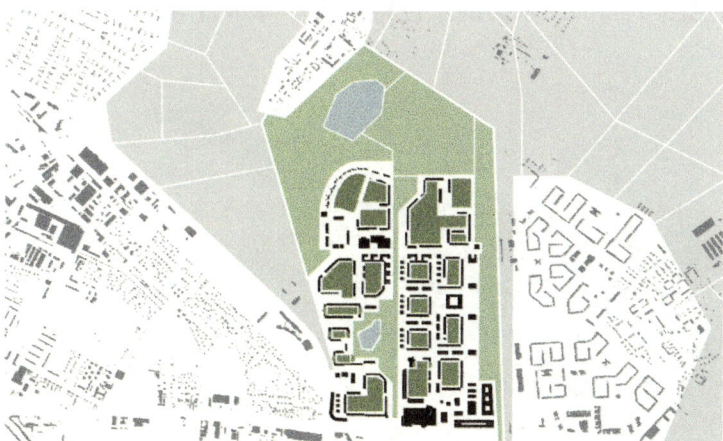

图 5-8
私有绿色空间

半公共及私有化的开放空间与公共空间相得益彰

共区域,充分利用底层空间和入口区域进行邻里、慈善和商业活动。这些改进将有助于营造更加活跃的社区环境,达到与该市郊社区项目相匹配的城市化效果。

5.2 蓝绿大道连接城乡

4
见"水文"章节

在当前连接乡村的城市通道中,融入了雨水及灰水管理系统[4],体现了城乡的结合与融合。这条通往乡村环境的城市大道也是进入"青斯特街"社区及其南部邻近区域的重要通道(见图5-9)。

5
见"城市"章节

该更新计划的一个先决条件就是拆除大量交通运输通道,包括车行道、人行道、电车轨道及停车场等。通过改变居民住宅区西侧沿达瑟街(Darsser Strasse)和东侧沿青斯特街的布局方式,可以有效减少主要轴线上的交通量[5]。在青斯特街铺设电车轨道可以类似地创造新的空间,以满足新公共空间开发的需求(见图5-12)。

步行道和自行车道宽度是5 m,树木排列整齐,通向远端的城市公园(见图5-11)。这条大道通往乡村,行人也可在此驻足停留,因而配备了休息点和长凳。沿大道而建的水渠、生态植草沟等设施将收集的雨水和灰水引入马尔乔湖(见图5-10)。水渠的水位将取决于降水量等气候情况,时

图5-9
蓝绿大道通往乡村,划分社区为东西两个区域

图 5-10
蓝绿大道将雨水和灰水引入马尔乔湖

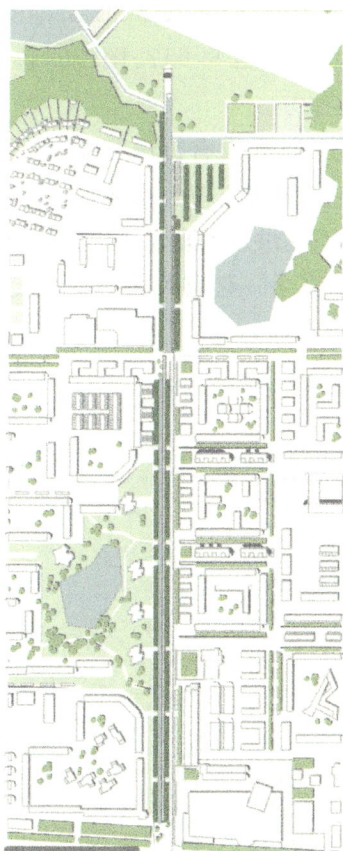

图 5-11
蓝绿大道连接社区内的步行道

图 5-12
电车轨道宽度变窄，并融入青斯特街

图 5‑13
水渠水位将取决于降雨等天气情况。优美的植物从石缝中生长。

多时少，呈现出"潮汐式"的变化。此创新且可持续的雨水资源利用系统将使该社区的空间体验随四季交替而变化（见图 5‑13、图 5‑14、图 5‑15、图 5‑16）。

此蓝绿大道通过众多小径连接西部绿地及东部城区。新的街道及电车轨道将贯穿东半部。电车停靠在该社区的重要节点，如购物中心、利比尼萨大街（Ribnitzer Strasse）的交叉口，以及城市公园入口等等（见图 5‑17、图 5‑18、图 5‑19、图 5‑20、图 5‑21）。

电车轨道一直延伸到轴线北端，并设有折返路线，这意味着现有环线可以拆除，节省更多空间作为公用区域，并为海希特哥哈本（Hechtgraben）池塘提供水处理设施。北端海希特哥哈本池塘和蓝绿大道的水将会一起流入马尔乔湖，进而保持水质，居民可在湖中游泳。

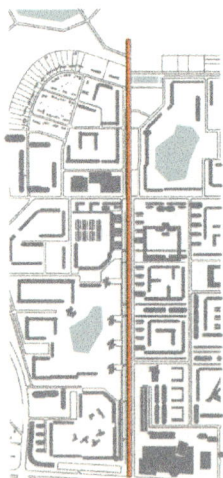

图 5‑14
蓝‑绿大道和水渠直通乡村

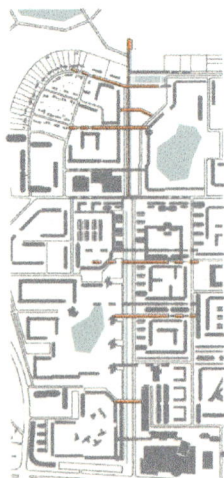

图 5‑15
通往居民区的步行道从蓝‑绿大道分流

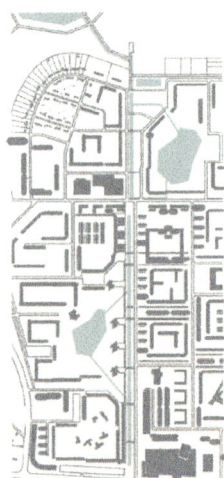

图 5‑16
雨水和灰水通过设施净化后将提高池塘的水质

城市生态社区多学科规划设计途径

图 5 - 17
新型交通方式创造了更多宁静空间,允许人们在公共空间进行更多活动

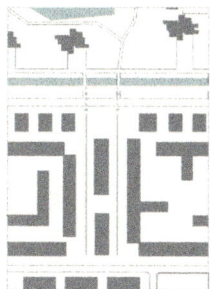

图 5 - 18
路边的开放水渠

图 5 - 19
新旧建筑间的可用通道

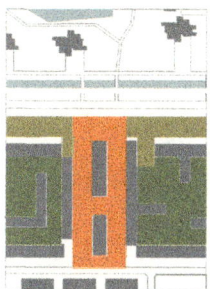

图 5 - 20
从蓝绿大道进入区域内部的衔接区

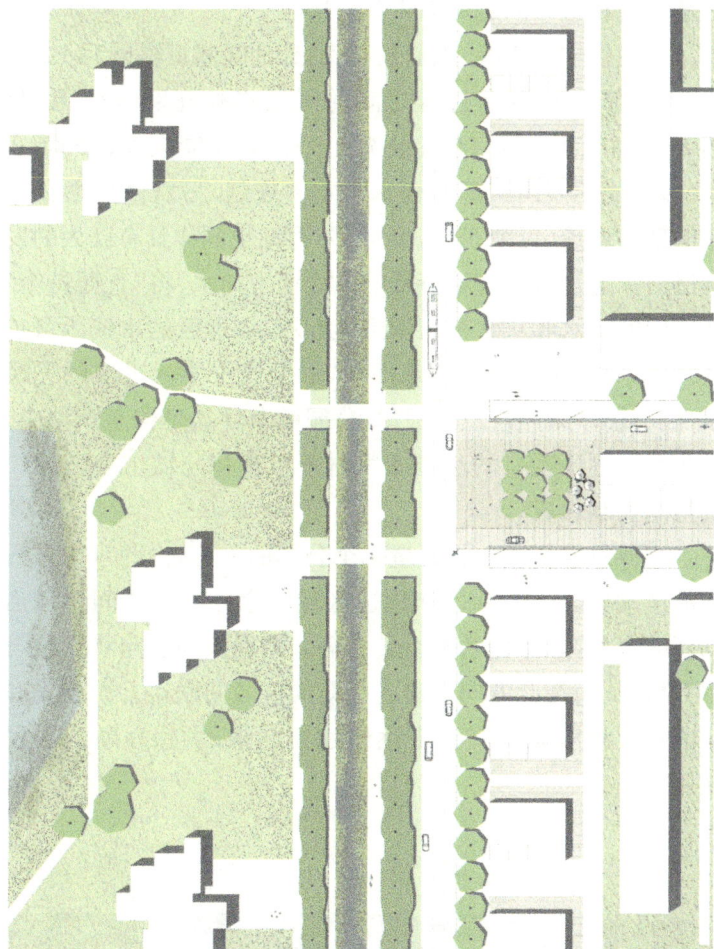

图 5 - 21
开放水渠将地表径流引入蓝绿大道.

5.3　新型城市公园

　　20世纪90年代，几座公园在城市边缘地区建成，包括新韦森公园（Neue Wiesen）、瓦滕贝格公园（Wartenberger Feldmark）及法尔肯贝格公园（Falkenberger Gutspark）。这些公园旨在为本地居民和休闲的游客提供服务，以作为缓冲区域，保护当地农业区免于过度使用。这就提出了一个问题，为什么居民数量最多的"青斯特街"社区还没有自己的公园？迄今为止，所有位于城市郊区的公园均建在低人口密度区域。现在这一问题可以得到解决。

　　居民住宅区边缘、地面铁路、北部的瓦滕贝格路和B2公路，到西部马尔乔湖村落之间的区域将被开辟成公园（见图5-22）。我们的目标是创建一个服务功能强大、开放、实用、多功能的公园。现有树木需重新规划，另需修建通往公园的新的通道（见图5-23）。马尔乔湖也同样具有巨大的发展潜力。通过清理海希特哥哈本池塘中的水，将"青斯特街"社区中的雨水和灰水引入湖中，以改善该地区的水资源可持续管理系统，这是提高湖水质量，划分安全游泳区域的先决条件。此外，采用自然式驳岸，公园的草坪会延伸至湖泊中。马尔乔湖周围现有的小型农家村落机理将与城市公园的广阔空间相辅相成。

　　瓦滕贝格街道上将设置一个公园的入口，由此可以进入新的运动场。当地社区和周边区域的服务机构之间还需启动新的合作，如体育联合委员会等。湖周围的道路将通往马尔乔村，从而在此方向上建立起新的区域间联系。游乐场和社区花园将沿城乡交错带逐渐建立起来，供感兴趣的居民使用[6]。

6
更多细节请见：于尔根·魏丁格尔：《比尔格花园作为公园的基石》（Bürgergarten als Baustein öff entlicher Parks）. 规划原则和设计. 于《城市＋绿色》（Stadt＋Grün），第58卷，第5期，p. 39—43.

图5-22a
城市公园延伸至马尔乔湖

延伸至马尔乔湖　　　　　　　岸边草地/陆地　　　　　　　俱乐部及临近的休闲平台

图 5－23
服务功能强大、多功能的公园将分阶段设置特定的休闲活动区域

图 5－22b
城市公园延伸至马尔乔湖

公园北端的杯荫大道 　　树林打开视野 　　城市公园东端的森林边界

剖面图

风景园林 　　37

图 5-24
城市公园将连接马尔乔村及"青斯特街"社区

新公园将拥有强大的综合服务功能，并由简单的元素组成，如湖泊、大型开放的多功能草坪、逐步配置的体育设施、游乐场和社区花园等（见图 5-24）。同时，新公园将具有与马尔乔村联合发展的潜在可能。利用现有资源，分阶段进行建设，该规划设计方案将以简单、经济的方式完成。

该规划设计方案将结合马尔乔湖周围区域与乡村庄园，利用城市公园的开放空间，创建新型、多样化的大型公园（见图 5-25、图 5-26、图 5-27）。此外，一些额外的景观元素也将赋予场地以丰富的多样性。

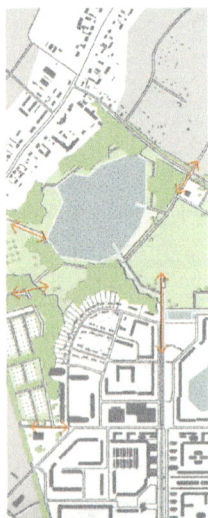

图 5-25
形成连接乡村和社区的通道

图 5-26
将现有树林向马尔乔湖延伸

图 5-27
公园内规划建设的新活动区

图 5-28
西面新开发的区域会设置肥料销售店、信息中心及本土产品市场

　　该项目所涉及的住房的废水处理系统可实现对黑水的创新性处理，需在户外区域进行提高水质的化学处理，及氮、磷等养分的提取，以供后期园艺种植所用[7]（见图5-28）。该区域不应作为封闭式的技术区，而应向居民开放，以介绍新的处理技术，使其更贴近居民，成为社区身份认同的一部分。该社区的西北角利比尼萨大街和多伯兰街（Doberaner）上的园艺培训区已经建成（见图5-29）。污水处理工厂及其附属的信息中心和出售从黑水中提取的养料的销售店等将在此建成，作为园艺培训区的补充。专注资源流通和园艺耕作相关的新型城市广场也将相应地在此建立。该区域还将鼓励信息交流，提倡科普教育，并将在每周的街头市场出售本地农产品，从而创建一个多功能区域，将废水处理和生产设施与当地经济相结合（见图5-30）。

7
见"水文"章节

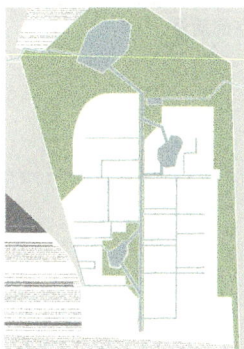

图 5-29
新的雨水处理系统

图 5-30
新型城市广场及水处理工厂效果图

5.4 韦森自然公园

图 5-31
开放的韦森公园为社区提供了
新型空间质量

韦森公园的概念设计将引入开放式草坪作为景观元素
（见图 5-31）。该区北部边界以外的地块主要是农田和休耕
区，这里的休耕区满是野生灌木，已发展成茂密的灌木丛。
该开放式田园也是动植物生长的自然环境，同时，作为提高
该地生活水平的 11 层高楼的空间补充，它能弥补景观上的

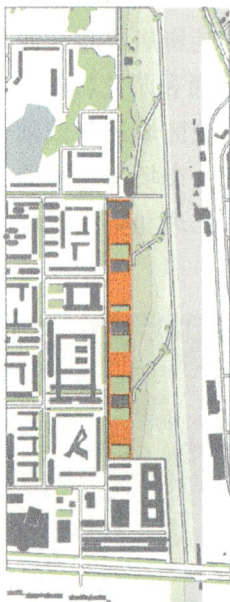

图 5-32
区域地形及开放的韦
森公园

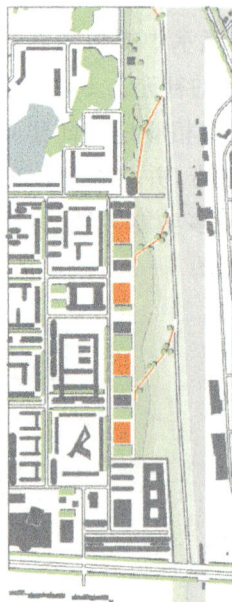

图 5-33
地形的变化将分散韦
森公园中的游客量

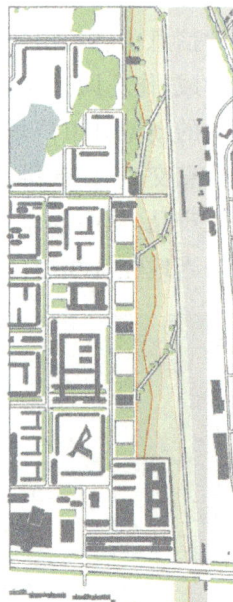

图 5-34
不同台层的划分和高
差变化将提高韦森公
园的多样性

缺陷。该地区零星的老旧建筑会被移除，以便建设轻轨铁路沿线外侧起缓冲作用的 12 m 高的隔音带。

通向柏林市中心的轻轨铁路线为建设生态友好的"开放空间铁路"提供了良好机会。该铁路线以高度的生物多样性为标志，将尽可能地向南延伸直至市区，北端也将尽可能延伸直到柏林市郊的乡村。生态友好区域的集中化将改善社区北部已具备良好休闲功能的城市公园环境。

该公园属于柏林东北部干燥的沙质景观，因而规划引入了广袤开阔的草地。为提高生物多样性，用尽可能少的资源来重新设计公园景观，长条状的公园区域将会设计成不同的生态"基层"。"青斯特街"社区的地形将在施工过程中形成不同高度变化的台层（见图 5 - 32、图 5 - 33、图 5 - 34）。通过为动植物创造不同的生存条件，这些条状带会引起人们对草地生境各方面的关注。几条绿树成荫的小径将会穿越韦森公园，通往沿隔音带而建的全景式步行道（见图 5 - 35）。

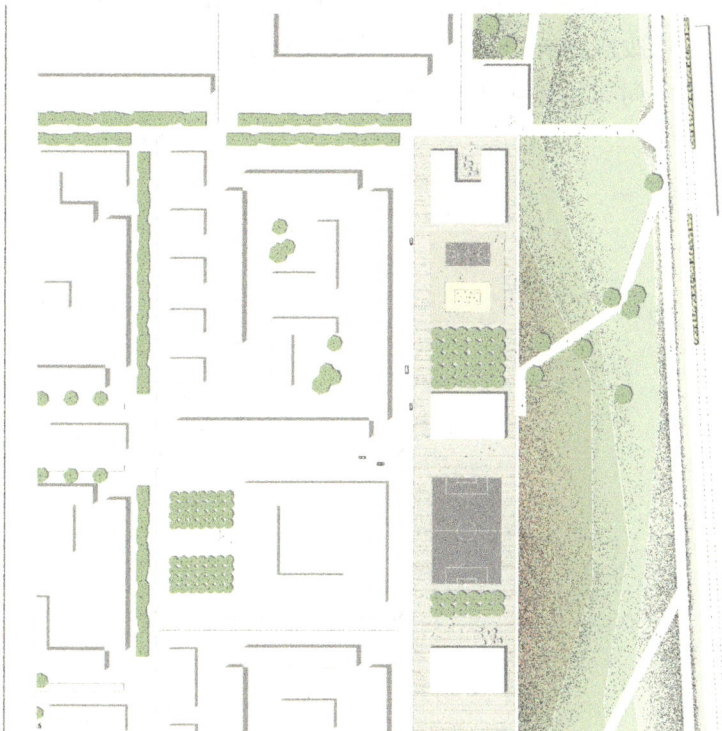

图 5 - 35
小径从区域露天平台出发，通往沿隔音带修建的全景式步行道

带有小型开放空间及新型公共建筑的社区露天平台将沿居民楼而建。露天平台位于草坪上方,可以引导行人减少穿过草坪的次数。露天平台会配有开放空间和体育设施,以满足新学校的需求。

5.5　多样的私有开放空间

这一章节,我们着重探讨了公共开放空间,没有对私有空间进行详细讨论。之所以有所侧重,是因为我们意识到:首先,公共空间承担的复杂责任和功能需要创新性的专业解决方案来实现。另一方面,为私有开放空间提供了规划和实施的机会,使其为居民所用。必要时,可以使居民亲身参与到公共空间的实际设计过程中,实现社区的"共治"。"混合功能"城市需要功能复合和气氛独特的公共空间,而不被居民的个人需求所左右和淡化。但同时,其也需要隐私空间以匹配和展示个人喜好,无论居民喜好的私人空间是舒适的、多彩的、艺术的,抑或俗气的。具有混合功能的"青斯特街"社区在改造更新过程中,可以体现其通过专业设计后的社区公共空间与私有空间的相互作用。

城市

风景园林

水文

能源

建筑

水文

6. 城市水文管理的研究问题

图 6-1
城市水文管理的理念

城市水文管理命题

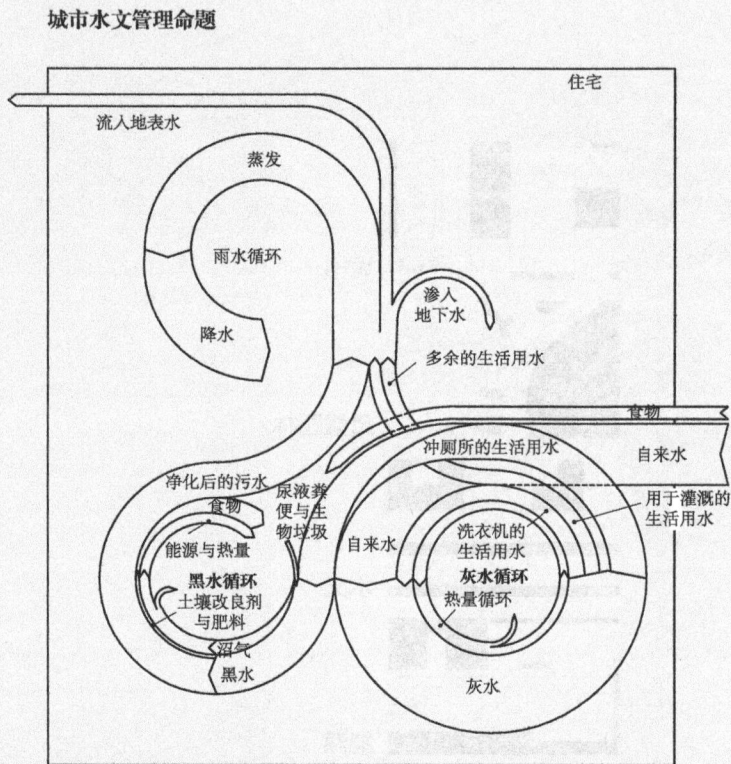

——Generating resource cycles 生成资源循环

——Supporting integrated observation 支持融合与集成

——Increasing decentralization (adaptive and flexible)
增强分散的程度(适应性与灵活性)

除特别注明,所有图片的版权均归作者所有。

7. 可持续的城市水文管理指导原则

莫瑞茨·阿巴特
亚历山大·瑞治·贝西托德

"青斯特社区"的废水处理设施是一个中心集中式的城市水资源处理设施，与公共自来水网络相连，通过单独的排水系统实现环境卫生（见图6-1）。生活污水由单独的排水系统输入柏林东北部的污水处理厂进行水质处理与水循环，雨水则经由单独的雨水管道系统排出。

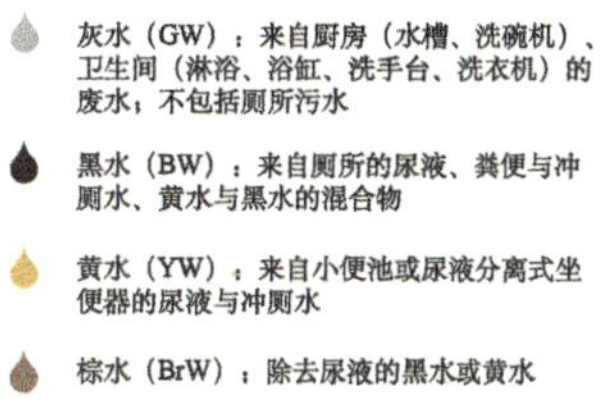

7.1 低耗能社区

城市社区中可持续的水资源管理有赖于废水循环利用的原则，取代目前将供水和排水视为线性过程的集中式水管理方式。这意味着废水不再被视为污染物，而是可以进行回收和再利用的宝贵资源（见图7-1）。

节约用水 谨慎使用水资源的理念要求我们优先考虑以任何可能的方式节约利用水资源。例如，在家庭中使用节水配件有助于高效利用自来水和再生水。

水资源回收 我们可以用经回收处理的灰水代替自来水，以此保护自来水资源。经处理的灰水能达到什么水质决定了灰水再利用的程度，如经过处理的灰水可以用于冲厕所、洗澡、洗碗、洗衣或清洁屋内外环境。大多数家用自来水设备也可以用于处理雨水（见图7-2）。

营养物回收 黑水中的营养物多于其他生活污水，因此非常适合营养物回收。利用通过合适的技术，可以从黑水中提取养分，如氮和磷，并用于制造肥料。

能源循环 黑水不仅含有高营养成分，而且还具有可回收为沼气的高能量碳负荷。通过添加有机物，可回收的能源几乎可以增加一倍。来自洗衣机、淋浴器、洗碗机的温水等

灰水（GW）：来自厨房（水槽、洗碗机）、卫生间（淋浴、浴缸、洗手台、洗衣机）的废水，不包括厕所污水

黑水（BW）：来自厕所的尿液、粪便与冲厕水、黄水与黑水的混合物

黄水（YW）：来自小便池或尿液分离坐便器的尿液与冲厕水

棕水（BrW）：除去尿液的黑水或黄水

图7-1
按来源分类的废水

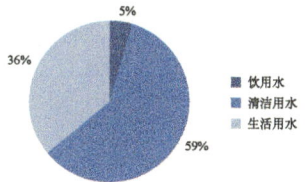

图7-2
家庭用水需求的可能情况（改编自 BDEW 2014b）

所构成的灰水也可用于能源回收。

维持水资源平衡　化石燃料的燃烧产生了大量的温室气体。不仅如此，城市化进程加快后，人们通过土地硬化来开发利用土地的行为更是导致了气候变化。有效缓解土壤硬化问题的方式之一就是通过收集雨水和"就地处理灰水"促进水资源的渗滤、灌溉和蒸发。

8. 灰水资源的利用

8.1 目的

节约水资源 即使在运用灰水处理系统之前,消费者也可以轻而易举地节约自来水。节水主要取决于消费者的行为。国家统计数据显示,目前居民行为已有明显的节水意识倾向(BDEW,2014a)。市面上有大量的节水系统可供选择,人们可以很轻易地在淋浴喷头、洗手台、厨房水槽的水龙头等家用装置上安装节流器。此外,洗碗机和洗衣机等现代家用电器需要的水也越来越少。单个冲洗周期容量为 6 L 的坐便器通常会安装冲洗量为 3 L 的停止按钮,这就是现代科技有利于节水的有力证明。现在大多新建或翻新的建筑物都选择安装这种坐便器。还有许多制造商提供冲水量为 3~4 L 的节水型马桶(DWA,2008)。青斯特社区的居民每个家庭每天大约耗水 112 L,这是柏林用水量的平均水平(AfS Berlin-Brandenburg,2013;HOWOGE,2014)。如果消费者在生活中节约用水,并使用节水型的家电与配件,用水量可降低 40%(Böhm 等人,2002;Hillebrand,2009)。

回收灰水 一些灰水可净化回收为工艺水,用于冲厕所或洗衣服。多余的工艺水可以用来灌溉绿地。未经使用的工艺用水,如雨水等,经处理可达到"接近自然"的状态(见《雨水策略》一章节)。回收的灰水有助于进一步节约 30% 的自来水,目前的标准消耗量可减少到之前水平的 1/3 左右,也就是每人每天 35 升自来水(见图 8-1)。

集成热量循环利用 房屋内部的灰水回收设备采用分离污水流的卫生系统,这能有效地回收灰水的高热容量(主

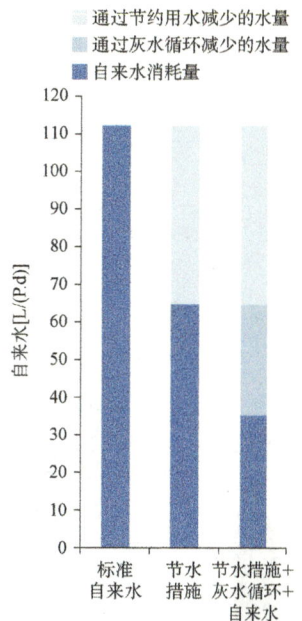

图例:
- 通过节约用水减少的水量
- 通过灰水循环减少的水量
- 自来水消耗量

纵轴:自来水[L/(P.d)]

横轴:
- 标准自来水
- 节水措施
- 节水措施+灰水循环+自来水

图 8-1
通过节约用水与灰水循环节约自来水

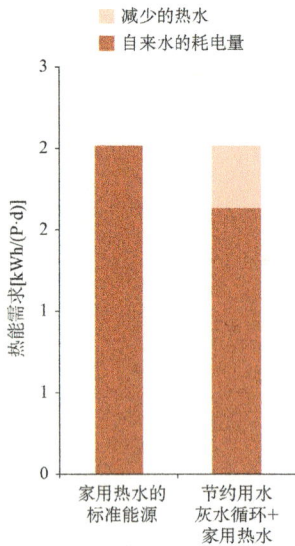

減少的熱水
自來水的耗電量

图 8-2
家用热水能源节约的可能情况

要来自淋浴器、洗衣机、洗碗机的热水)。若不分开回收,这些热水会被统一送入下水道。混合废水的温度为 10～15℃,而灰水的平均温度在 30℃ 左右(Sievers 等人,2014;Vetter,2011)。就热能而言,这意味着每回收 1 m³ 的灰水能获得 10～12 kWh 的热能。这种能量可用于预热热水,可以节约加热自来水所需热能的 20%(Vetter,2011)(见图 8-2)。详细信息请参见《能源》一章。

8.2　工程与利用策略

水处理过程包括几个阶段(见图 8-3、图 8-4)。在机械预处理阶段,用筛网除去可能会损坏膜的粗颗粒。在随后的生物处理中,运用活性污泥法将已溶解的有机污染物用微生物分解,在这个过程中加入曝气步骤以除去氮化合物,最后通过膜过滤分离活性污泥絮体。膜相当于精细的过滤器。使用孔径为 0.000 05 mm 的超滤膜,不仅可以截留污垢颗粒,还可以截留细菌和病毒。经过净化处理,无菌工艺用水储存在水箱中待取用(König,2013)。

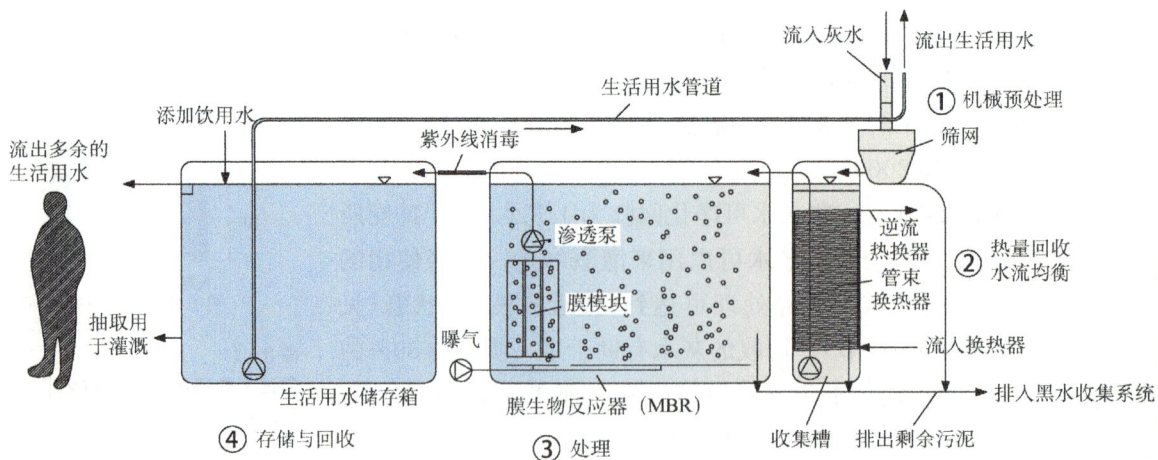

图 8-3
含集成热量回收的灰水循环方案

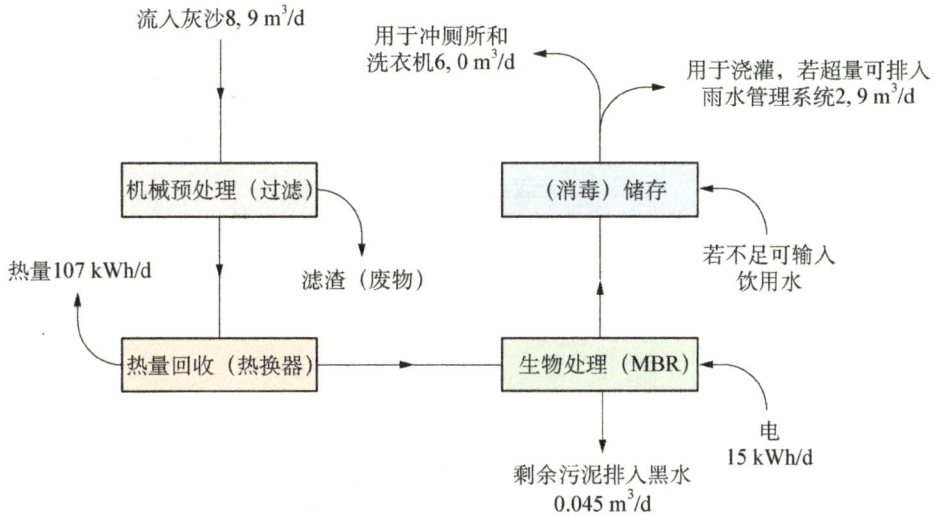

流入灰沙8,9 m³/d

用于冲厕所和洗衣机6,0 m³/d

用于浇灌,若超量可排入雨水管理系统2,9 m³/d

机械预处理(过滤）

（消毒）储存

热量107 kWh/d

滤渣（废物）

若不足可输入饮用水

热量回收（热换器）

生物处理（MBR)

电15 kWh/d

剩余污泥排入黑水0.045 m³/d

图8-4
含集成热量回收的灰水循环步骤,以 WBS70－11/3 公寓为例(约 235 位居民)

为确保纯度,经处理的灰水也可以通过紫外线辐射进一步消毒。剩余的活性污泥与黑水一起,经分离后做进一步厌氧处理(详见《黑水处理》一节)。

从本质上来说,灰水回收意味着将灰水转化为无需达到饮用水质的工艺用水。灰水回收与节水技术一样,为节约自来水做出了重大贡献。灰水回收技术与热量回收技术相结合,可以进一步降低能耗,并最终减少二氧化碳的产生。

8.3　灰水处理技术系统

如何将分散的灰水装置整合到现有的住房中?下文中我们将讨论这个问题。下述案例解释了灰水处理原则和技术系统。

灰水卫生系统　灰水的单独运输需要采用额外的管道。WBS70 架构的一大优势是供应设施的标准化设计。供应设施能提供足够的空间来单独排放废水流。除了厨房水槽,灰水还可能来自浴缸或淋浴器、水槽、洗衣机和洗碗机(见图 8－5、图 8－6)。

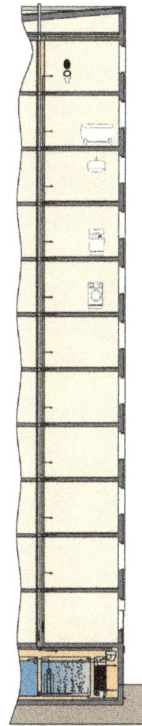

图8-5
WBS70 街区地下室的灰水处理系统截面图(改编自 HOWOGE, 2014)

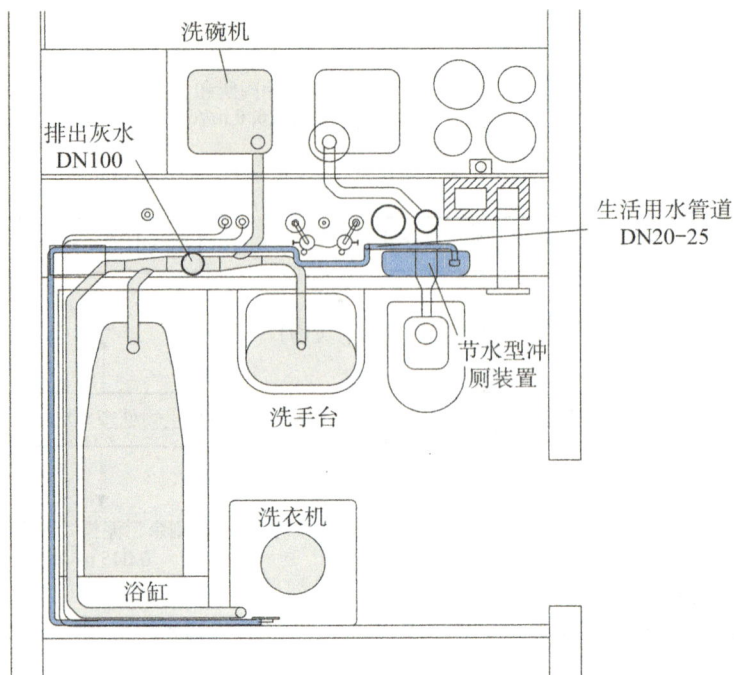

图 8-6
灰水卫生系统(改绘自 HOWOGE, 2014)排出灰水 DN 100

室内灰水处理系统 灰水系统的主要组成部分是处理加工设备。灰水处理可采取多种方法。膜生物反应器(MBR)可以安装在狭小的空间内,即使流入水质不同,也能确保达到所需的水质。水质要求与欧盟的洗浴水质标准一致。因此,工艺用水也可用于冲厕所、洗衣服,甚至是洗餐具(König, 2013;DWA, 2008)。MBR 设备可以设计为紧凑的模块化系统,可轻易安装在 WBS70 街区的地下室中(见图 8-7)。

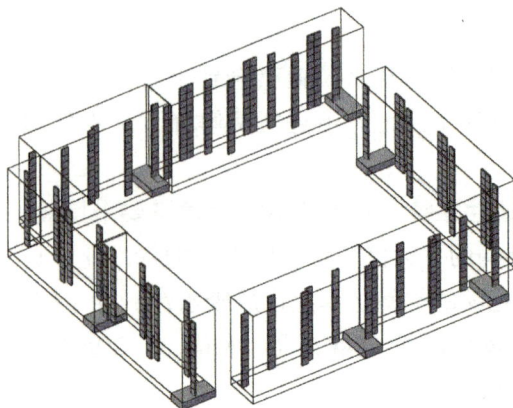

图 8-7
室内灰水设备系统透视图(改绘自 HOWOGE, 2014)

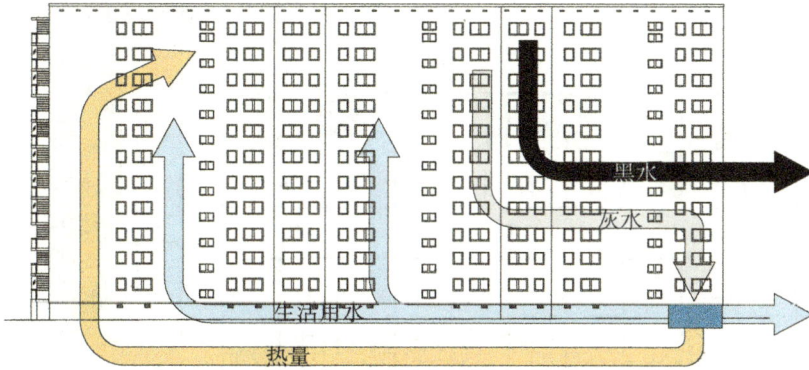

图 8-8
WBS70/3 建筑中不同来源的废水与能量流（改绘自 HOWOGE 2014）

WBS70 的建造参数 "青斯特街"社区的建筑主要由 WBS 70 街区构成。该区域西部有 11 层和 6 层的建筑，所有建筑都带有地下室。板状高层类型大多以正方形结构排列。房间均为宽度 12.37 m、高度 2.60 m，浴室都是内置式（见图 8-8、图 8-9）。根据居住空间和社区人口密度的数据，可以估算出社区的居民数量。依据 2010 年至 2013 年的规划材料、公寓清单数据和居民统计数据（柏林参议院，2015；HOWOGE，2014），每人的居住空间约是 $30.2\sim36.3\ m^2$，平均 33 m^2。

例如，WBS 70-11/3 由三个厅组成，每层有 4 个套间，共有 132 个套房，建筑总长 72.4 m，生活空间平均为 7.641 m^2（HOWZOGE，2014）。因此，一栋楼有 215～235 位居民。灰水量约为 13.7 m^3/d。假设为了节约水源，灰水量为 8.6 m^3/d，如果通过现有管道排污水，那么需要一个单独的管道排放黑水。供应轴（2.17 m×0.38 m）的空间是足够的（见图 8-6、图 8-9）。建筑内每隔 32 m 需安装工艺用水排放管道，共需安装 12 条管道，最长的水平管道是 66 m。经初步评估显示，一个 MBR 装置需要 $43\sim47\ m^2$（0.2 m^2/inh）（Sigglow，2011），而带加热器的地下室面积为 69 m^2，空间是足够的。如果建筑底层是商业用房，那么需要重新评估灰水质量与数量，因为这可能影响灰水回收设备能否达到最佳效果。

WBS 70-11/3

图 8－9
WBS70/3 的楼层图与剖面图（改绘自 HOWOGE，2014）

WBS 70-11/2

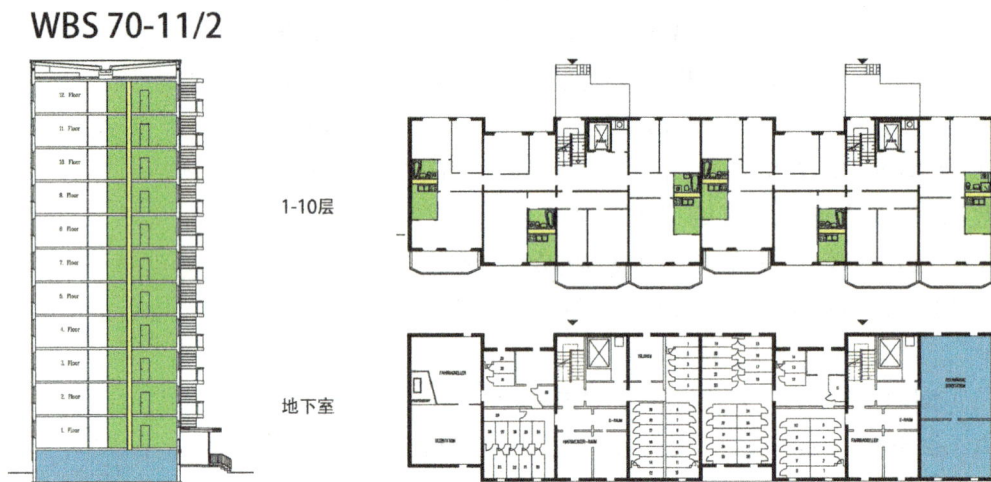

图 8－10
WBS70/2 的楼层图与剖视图（改绘自 HOWOGE，2014）

WBS 70－11/2 是该社区最常见的建筑类型，通常是两栋楼并排而建。每栋建筑长 48 m，每层围绕两个楼梯建三个套间（见图 8－9、图 8－10）。66 个公寓的生活空间为 4 950 m² （HOWOGE，2014）。据推测，140～160 位居民每天产生 9.2 m³ 的灰水，通过使用节水装置，每天的灰水量约为 5.7 m³/d。建筑内有 6 个排水井。灰水单独排放管道和工艺用水管道总计需要 245 m，水处理装置所需空间约为 28～32 m²。

6 层高的建筑大多是三厅住宅,长度为 43.37 m。每层有 7 个套间,不规则分布在 3 个楼梯周围(见图 8-11)。一栋楼通常有 42 个套间,总的生活空间平均约为 2 600 m²,可容纳约 80 位居民(HOWOGE, 2014)。每日灰水量约为 4.9 m³/d,节约型的用水方式可使总量减少至 3 m³/d。排水和工艺用水所需的垂直管道网络为 122.5 m,地下室的水平排水管道还需 52 m。面积为 13.2～20 m² 的处理装置可轻松安装在 69 m² 的地下室锅炉房内(见图 8-11)。

图 8-11
WBS70-6/3 的楼层图与剖面图(改编自 HOWOGE, 2014)

WHH-GT 84/85 该社区有 4 栋这种房型的住宅建筑。地面层包含建筑工程和餐馆,1 层至 18 层为公寓。由于没有地下室,居民的储藏室在第 19 层(见图 8-12、图 8-13)。每栋建筑面积为 29.3 m×38.8 m,高度约为 62 m。WHH-GT 84/85 的生活空间平均为 8.243 m²(HOWOGE, 2014)。

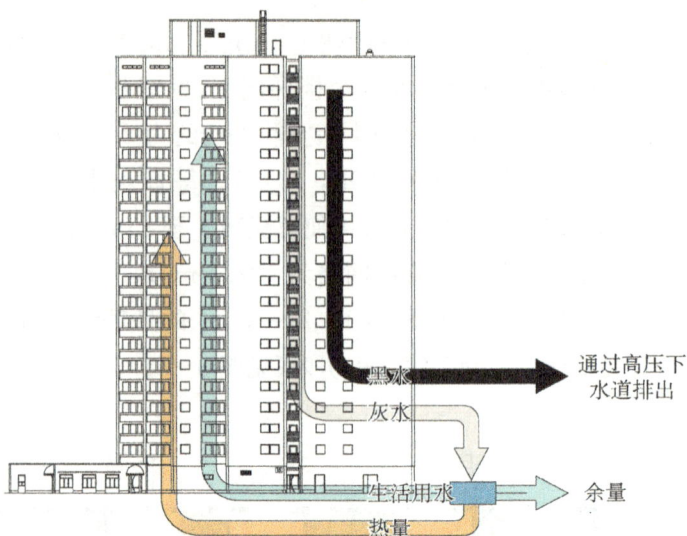

图 8 - 12
WHHGT 84/85 建筑立面示意（改编自 HOWOGE，2014）

计算

144 个公寓的浴室与厨房的计算。该建筑可容纳 225—230 位居民（HOWOGE，2014；柏林参议院，2015）。目前的灰水量可假定为 14 m^3/d（HOWOGE，2014）。安装节水系统后，灰水量减少到 8.7 m^3/d。

管道系统

灰水排放系统由 4 个轴组组成。每个轴组有两个轴（0.77 m×2.15 m）。灰水可从现有的废水管道中排放，黑水排放需要新的管道系统。根据处理设施的位置，改造后的黑色和自来水管道系统的长度在 400～425 m 之间。

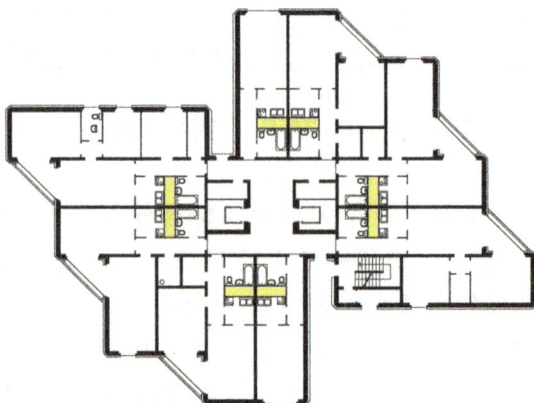

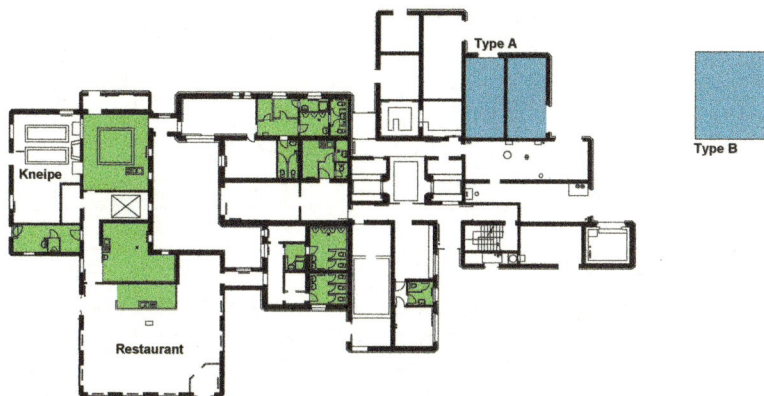

图 8 - 13
WHH GT 84/85 楼层图(改绘自 HOWOGE, 2014)

处理装置

优先选择室内安装处理装置(版本 A)。目前允许容纳表面面积为 46 m^2 的 MBR 设备(0.2 m^2/inh.)(Sigglow, 2011),而地面层并没有那么大的连续空间。因此,处理装置或可安装在多个房间内。建筑内的安装应考虑到对节水用户是否便利。在兼顾建筑密度的情况下,任何时候都可以考虑使用外部空间(版本 B)(见图 8 - 12)。还需考虑是否可把底层的餐厅和酒吧(约容纳 100~150 位客人)整合到灰水回收计划中。还有一种方案是运用单独的回收装置,将净化后的灰水直接排入池中。

受纳池塘的生态恢复 一个常见的做法是将多余的处理水引入水池。目前淤塞的巴特尔湖泊可以通过不断的水资源循环进行生态恢复,未来可以发挥休闲娱乐功能(见图 8 - 14)。

从灰水中回收水源和热量是可持续建筑建设的必要组成部分,目前该技术已日趋成熟。柏林的多层被动式房屋除了排水、节水等处理装置外,已有条件运用具有综合热回收功能的分散式灰水回收装置(Nolde & Heinhaus, 2014; Nolde, 2013; König, 2014)。多项应用技术及其分散的特性使其易于整合。热量回收系统与能源系统相连,这是节能型建筑的创新途径之一(见图 8 - 15)。这些装置无论是隐藏在地下室中,还是安装在设计精美的附属建筑中,甚至是建成有绿色屋顶覆盖的建筑或者植物蔓生的湿地作为一个景观元素,都为建筑和开放空间规划设计提供了自由发挥的空间(见图 8 - 16)。

由于人口密度高,青斯特社区的多层公寓群非常适合安装分散的灰水回收与热量循环装置。此外,一致的建筑结构和单一的所有权也保证了设备较高的可复制性和可转移性,满足了大规模建立标准化系统解决方案的条件。通过上述

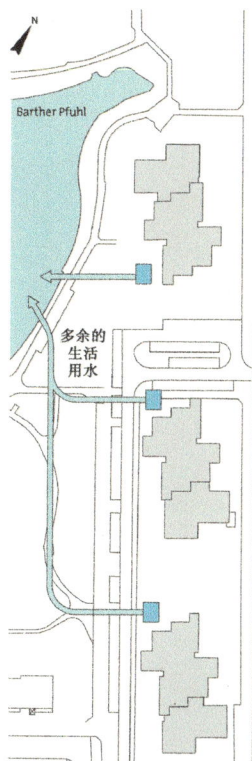

图 8 - 14
多余的生活用水排出方案(改绘自 HOWOGE, 2014)

图 8-15
分散式灰水系统理念(改绘自柏林参议院，2000)

独栋建筑的安装方案

从技术层面上来看,管道元件的安装和材料应用仅限于每个单独的建筑,因而楼栋单独安装回收系统是有利的,楼栋内的热量回收也减少了热量损失。WBS70街区的地下室足以容纳处理装置。对于新建建筑,可在建设设计之初即加入回收处理系统,或预留空间用于日后安装。集中操控的远程监控系统能保证分散式装置的安全运行。

公共-私人空间的分散组式安装方案

如果由于使用上的冲突导致楼栋单独安装不可行,也可以小组为单位进行安装。公共-私人空间的投资和运营商模式使建筑协会可以与当地自来水公司合作参与,并以此提高转换的效益。如果建筑方没有专业的技术支撑,应由供水公司提供技术支持,以此减少设备数量、提高可及性,从而使维护更便利。

灰水集中处理群组

在新的城市建设文化背景下,除了那些以整合住房存量为目标的科技、经济框架外,可将水循环装置作为城市设计、景观设计和建筑设计的元素,这是建立灰水处理系统的另一种可行的方法。住宅区的典型方形结构有益于整合灰水处理系统群组。灰水处理装置可作为一个中心元素安装在内部庭院中。如果它的设计具有吸引力,那么它将是一个有高辨识度的可持续装置。

图 8-16
庭园内的灰水回收设备效果图与实景图(改编自 Ruta，2015)

措施,青斯特社区每年可节约 534 000 m³ 的自来水,其中约 233 000 m³ 是通过灰水回收实现的。住房存量的计算来源于城市数据(详见《城市》章,《3.9 基本构成:单元、居民、工作》小节部分)。

9. 处理黑水资源

9.1 策略

建筑中收集的黑水将进入单独的管道网络中，流入周边的集中处理设备。黑水处理设备是模块化的，可在更新时逐渐扩展。模块处理系统包括多个阶段，如厌氧处理阶段、营养物回收处理阶段等。黑水回收产生的副产品是沼气，可转化为电能、热能，以及从养分回收和沼渣中产生的肥料（见图9-1）。建议添加有机厨余垃圾和绿色垃圾，可以使沼气生产的能量效率增加一倍以上。所采用的核心技术手段仍是传统的废水处理技术，这些技术可以根据不同水质的黑水来相应调整。若将分散的处理装置安装在社区附近，可以更容易地利用沼气中的能源，如果安置在社区的边缘位置，则便于将肥料产品直接应用于农业生产。即使是黑水中的氮、磷等营养物质也可以用作食物生产的"基石"，有助于实现养分循环，这正响应了"从食物中来，到食物中去"的口号（详见《风景园林》一章中的《新的城市公园》小节）。

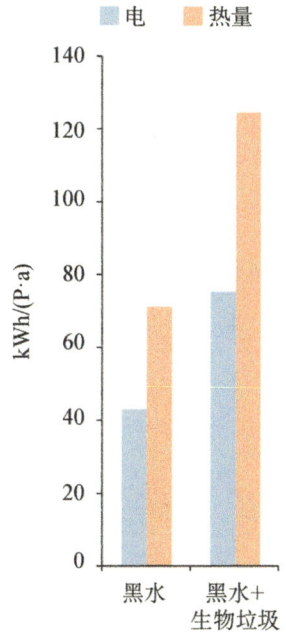

图9-1
含/不含生物垃圾的沼气产生的能量（电效率33.7%，热效率55.8%）

9.2 工程与利用策略

黑水处理主要包括以下5个阶段：
（1）厌氧处理；
（2）沼气的制备与使用；
（3）养分恢复；
（4）溢流处理；
（5）沼渣处理。

常被用于处理黑水的 UASB 流程(上流式厌氧污泥床)(de Graaff，Marthe p.，2010)非常适合厌氧处理阶段(流程 1a)，该过程产生的沼气可以被组合式能量单元转化为电和热(见图 9-2)。厌氧处理使大部分营养物质留在黑水中。对于回收的磷来说，MAP 流程(流程 2a)是一个很好的选择。通过这种方法，当加入镁时，磷会被"沉淀"，产生磷酸铵镁(MAP)。在沉淀和干燥后，MAP 可用作肥料(DWA，2008)。下一个过程是氮的回收(流程 3a)，在这个过程中，一般利用天然沸石来负载氮元素(DWA，2008)。沸石是结晶铝硅酸盐。

沸石一般被安装在吸收塔中。若每次使用后对沸石也进行回收再利用，则可以多次循环利用沸石材料，更加经济节约(Alp 2010)。在这一循环过程中会出现液态氮肥。厌氧处理可排出约 80% 耗氧的有机物，但有机物因浓度太高而不能排入河中，因此需要进行后续处理(流程 4a)。生物转盘反应器等好氧生物处理设备适用于最后的纯化过程，该方法的优点是设计简单，能耗较低，从中提取的污泥也被称为"发酵残渣"，这是一种优良的土壤改良剂，但仍具有较高的含水量。因此，在与绿色废弃物(见图 9-2)一起合成堆肥之前，首先应将其"加厚"积累，然后用机械排出(通过螺旋压榨)(见图 9-6)。

9.3 黑水处理技术系统

黑水卫生处理系统包括厕所废水和有机厨余垃圾处理设备。垃圾破碎机可安装在厨房水槽下方，用于压碎有机厨余垃圾。运用垃圾破碎机能有效增强使用的便利性。同时，厨房水槽里就不会残存有机厨余垃圾，也不会再有难闻气味(详见《建筑》一章中的设备安装整合的图片)。如果将坐便器更换为节水型，每次冲洗仅需消耗 3.5 L 水，按此计算每人每日流量约为 23 L。因为水流量小，建筑中的排水管可使用 DN 100 管道，也可以采用更小直径的排水管道。这些对

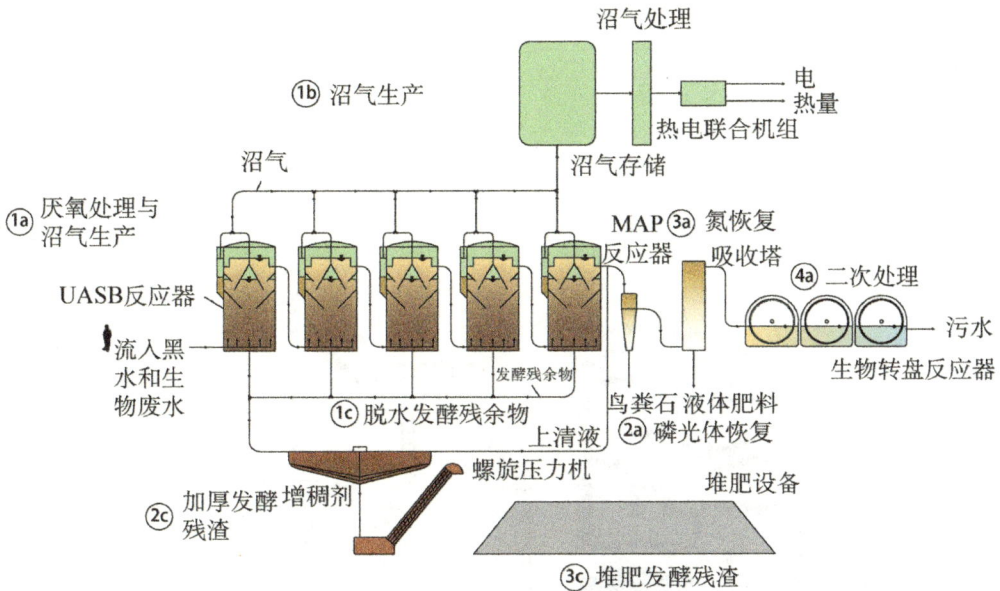

图 9-2
黑水技术处理系统方案

家庭管道系统的干预并不会对居民的日常使用产生任何影响（见图 9-3）。

9.4 黑水排水系统

青斯特社区的污水下水道系统被划分为几条次级线，排水管接入青斯特大街下方的 N-S 运行主管道和利比尼萨大街下方的 EW 运行主管道。该系统与位于社区西部边缘的污水泵站相连，累积的废水将被抽入勃兰登堡污水处理厂（柏林参议院，2012；BWB，2014）（见图 9-4）。

节水型厕所的使用明显减少了下水道中的黑水含量，但由于切碎的有机厨余垃圾排入现有的下水道后，下水道中的固体垃圾部分也随之增加了。因此，仅仅通过重力排水不再是方便快捷的方法了。在这种情况下，可以使用压力排水系统（见图 9-5）。

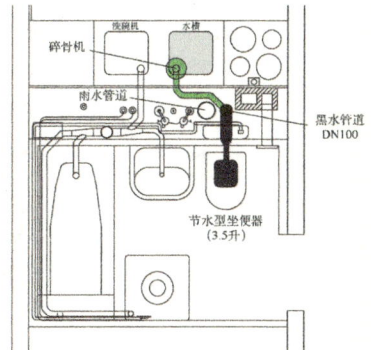

图 9-3
黑水卫生系统（改绘自 HOWOGE，2014）

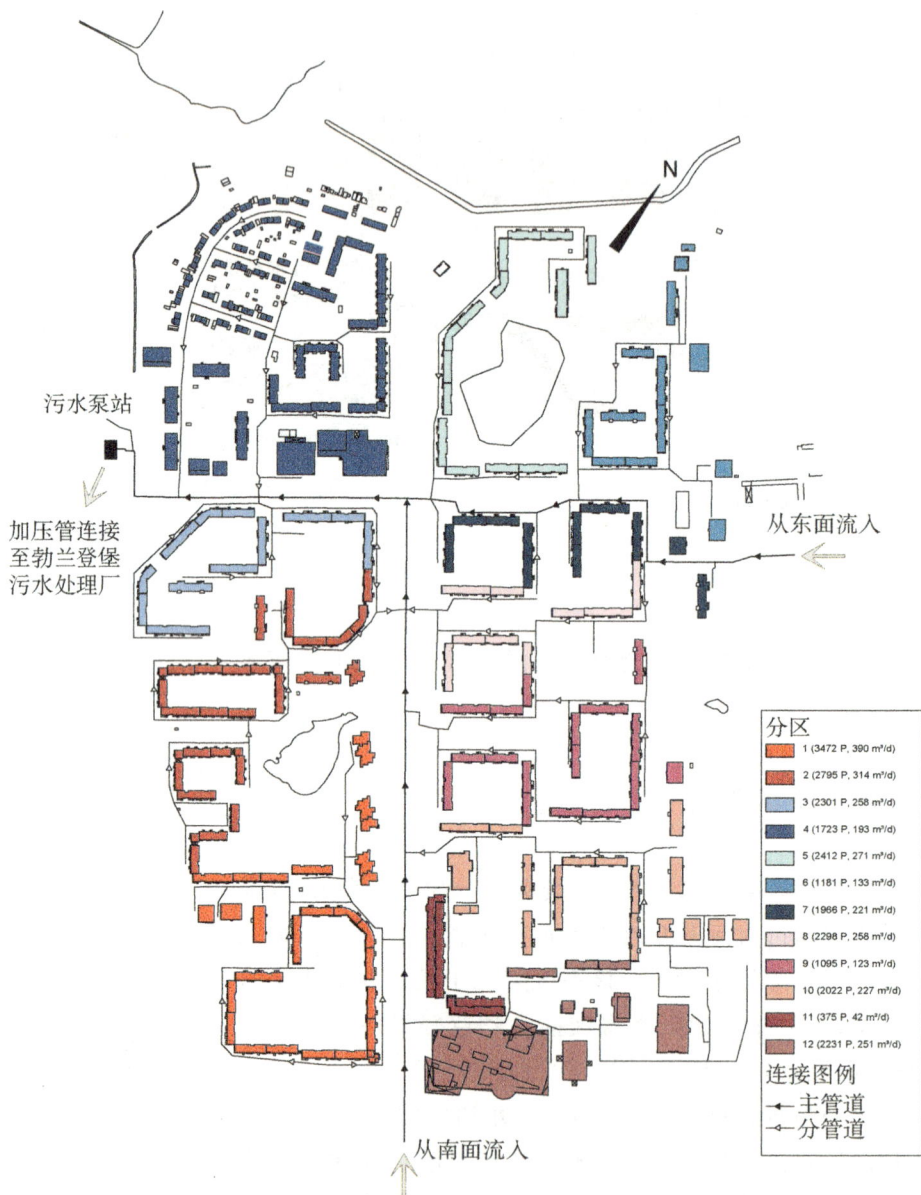

图 9-4
现有的家用生活污水排水系统(改编自柏林参议院,2000；BWB,2014;柏林参议院,2015)

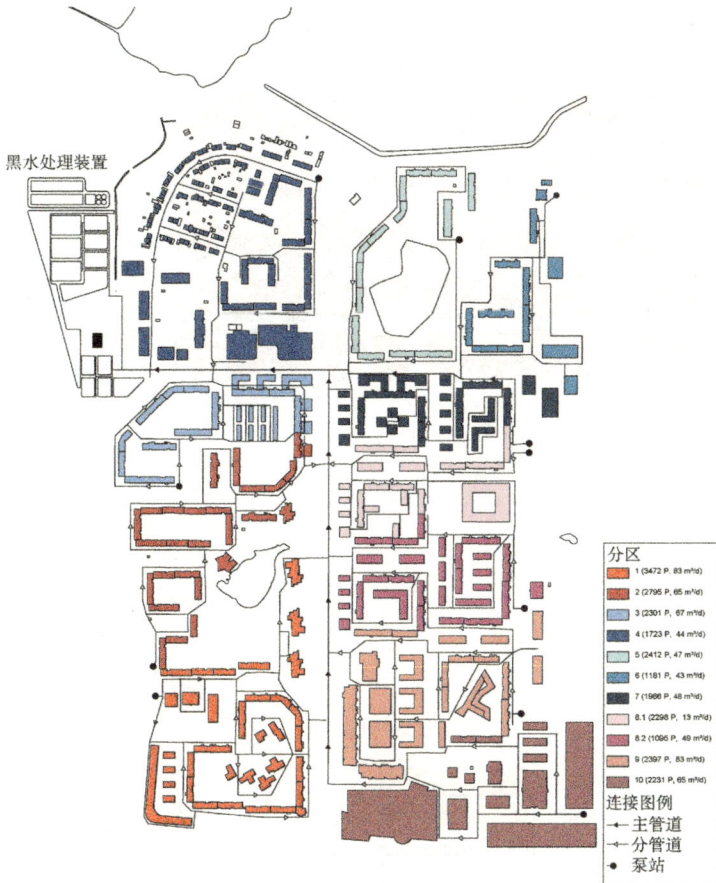

压力排污系统原理

首先，在家用泵站通过重力流收集黑水。达到一定量后，黑水被抽入主压力管。管网末端的主泵站将黑水泵送到处理厂。每隔一定时间进行冲洗（DWA，2013）。

压力排污系统概念

为方便青斯特社区的居民生活，更新设计中的压力排污系统改装方案可以考虑设计 11 个分支系统和泵站。从处理装置的角度来看，主泵站可位于分支装置的末端，从那里开始，泵通过压力"推动"黑水进入处理装置。整个压力排污管道的长度约为20.500 m（见图 9-5）。

图 9-5
子集水区的压力式排黑水系统（改编自 BWB, 2014；柏林参议院，2000）

9.5 黑水处理设施

处理设施位置和标准模块　黑水将在青斯特社区西部的集中处理设备中进行加工处理（见图 9-5、图 9-9）。这个位置非常合适，因为它在整个排水区中高程最低。处理系统是模块化的，包含以下几个阶段：ⓐ厌氧处理；ⓑ沼气处理；ⓒ营养物回收；ⓓ有氧后处理（见图 9-2）。净化过的黑水在有氧条件下处理后，将被输送到人工湿地中进一步处理。此外，除黑水处理外，本设施还提供了对残渣进行后续处理的区域（见图 9-6）。

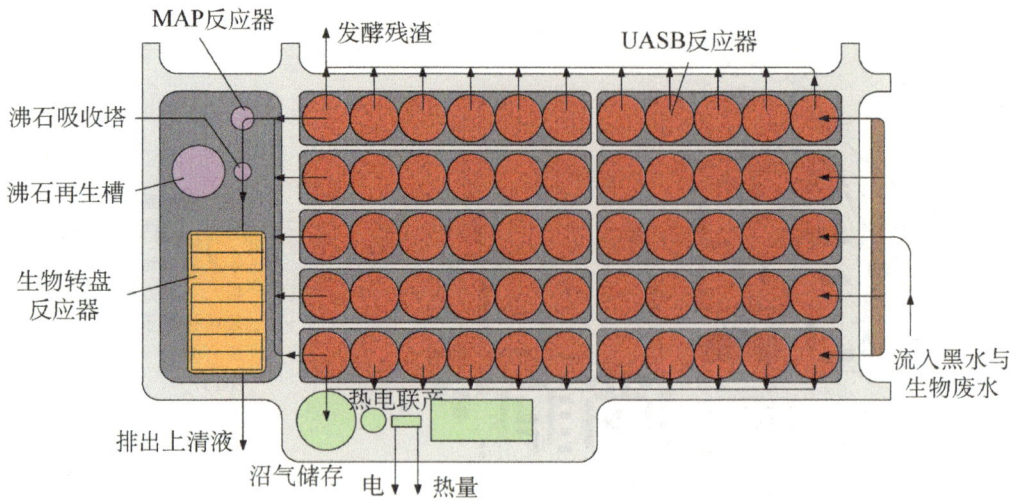

图 9-6
黑水处理设备模块

模块化黑水处理

黑水处理共用了约 10 个处理模块，每个处理模块与一个或两个压力下水道分支相连接。通常情况下有 3 种类型的模块尺寸。模块之间的接口头数在 2,000～3,600 之间（见图 9-7），这相当于每日处理黑水量约在 46～84 m³ 之间。

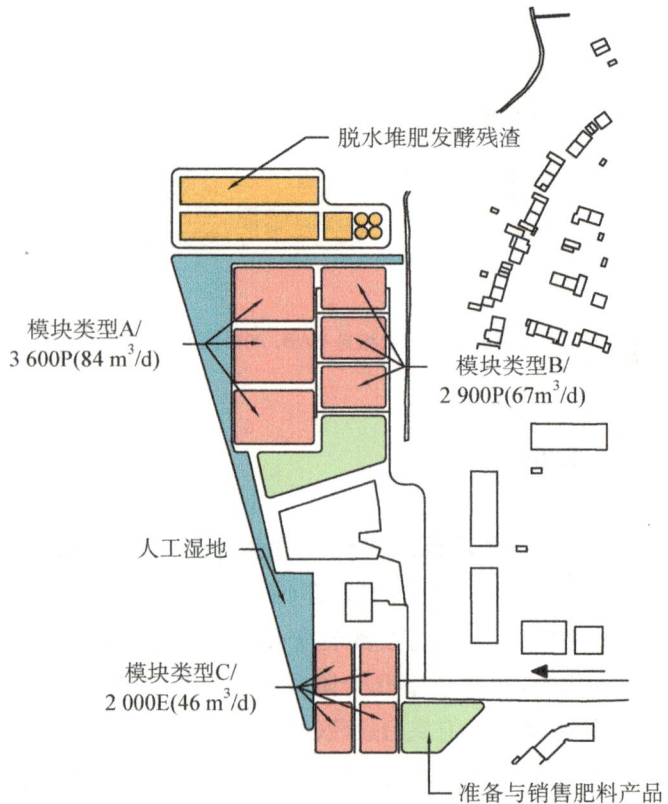

图 9-7
黑水处理模块的排列（改绘自柏林参议院，2000）

可达的黑水处理设施　如果将黑水处理设施直接建在社区内或周围，那么它将成为社区的一个组成部分。这对建筑设计提出了新要求（见图9-8、图9-9）。但设计一个与环境协调的处理装置有多方面的优势，例如可以通过废气过滤系统减少恶臭，为设备提供隔热缓冲，并允许居民接触和体验。"步入式"黑水处理设施的实现方式之一是沿着装置顶部建一条通道。在日常操作中，装置内部只有工作人员可以进入，而外部区域可作为公园的一部分（见图9-9）（详见《风景园林》章节）。

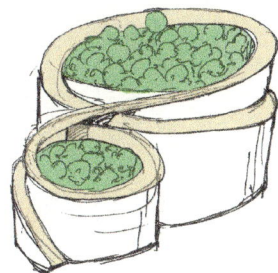

图9-8
"居民可接触式"的黑水处理装置示意图

图9-9
与环境协调的黑水处理装置构想图

9.6　养分与能源平衡

青斯特社区每年产生的营养物可供给约 180 hm^2 的耕地吸收使用。由于黑水处理设施位于城市边缘城乡交错的地带，因此处理后的营养物质可以更加便利地供应农业生产。

图9-10显示了青斯特社区附近哪些土地可以使用黑水中的营养物钾进行施肥。在社区排放的黑水中，每年产生

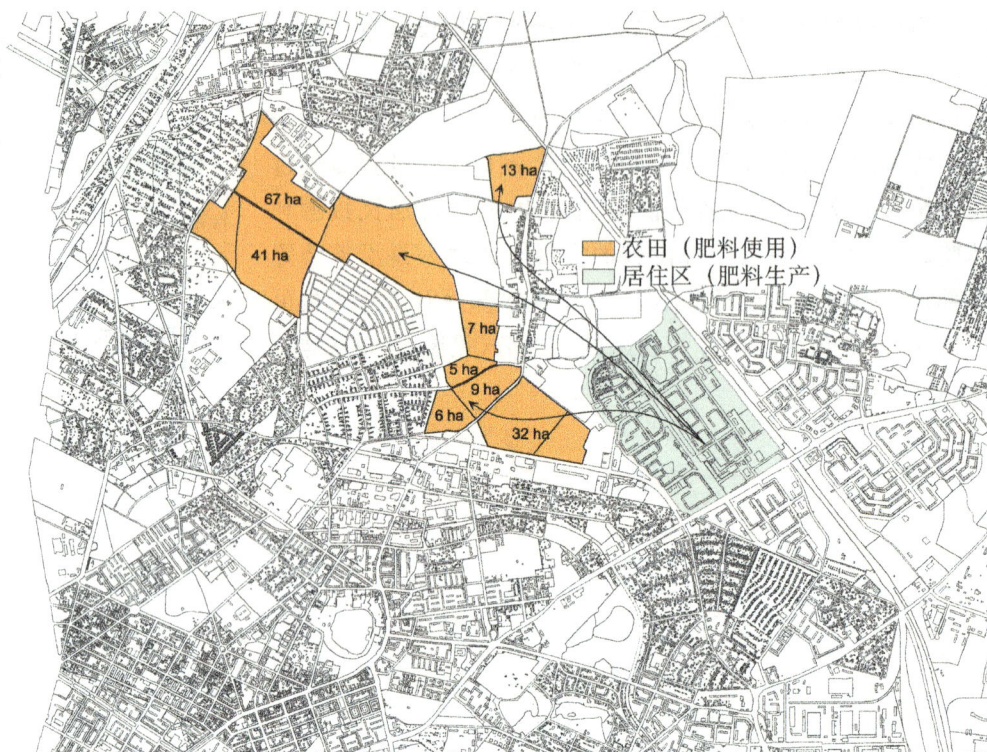

图 9 - 10
肥料使用区域(改编自柏林参议院 2000)

约 25 t 钾(住房存量和新建筑物约 21 000 户居民,参见《城市》章中的《3.9 基本构成:单元、居民、工作》小节)。

黑水中营养物质的成分构成与施肥所需的混合营养物成分不完全相同,理想的肥料需要额外的营养成分。此外,黑水循环可以很好地回收有限的磷资源。如果附近的农田用不完社区黑水回收所产生的养分,也可以将肥料卖给更远地方的社区农园等菜地(详见《风景园林》章中的《新型城市公园》部分)。

城市生态社区多学科规划设计途径

10. 雨水资源的利用

对于城市而言，地表径流可以通过雨水设施进行收集，并融入排水系统，目前这种做法已经十分普遍了。

德国《节水法》提倡城市地表径流的水量和水质应接近其在开发前的自然状态。考虑到青斯特社区的更新与改造应尽量达到雨水管理的最佳效果，社区水文循环、径流水质和水量等方面均需要接近其自然状态。

雨水管理的基本目的是避免洪水，保证建筑物和其他构筑物的安全，避免排水管道过载等。排水和集中处理（渗透）对水文循环的影响极大，甚至可能改变局部气候，如蒸发量减少、地表排水增加、局部渗透增加、产生额外的地下水等（见图 10-1）。新的建筑区域更容易实现自然状态的雨水转换，因为良好的规划基本上可以解决这些问题。现存住房的改造与更新是一个更大的挑战，因为这需要考虑更多现有条件（硬化地表、建筑、基础设施），应尝试在现场转换或再利用雨水。此外，需减少地表径流，考虑增加蒸发量和渗透量。

以下是一些建设性的选择：

——使用透水的地面结构如草坪、透水铺装等代替硬化地表

——使用绿色屋顶

——选用合适的植被增加潜在的蒸发量

——增加潜在的渗透量（必要情况下可采用技术装置）

毫无疑问，在考虑这些措施时，不得破坏防洪设施。在暴雨、融雪等情况下，适当的排水措施有助于满足这个要求。

被严重污染的雨水，如从街道流出的雨水，应在返回水文循环前对其进行净化。对当前状况的准确分析需充分考虑到所有限制条件，如降雨量、降水分布、建筑物、植被、土壤、地下水以及经济状况等。

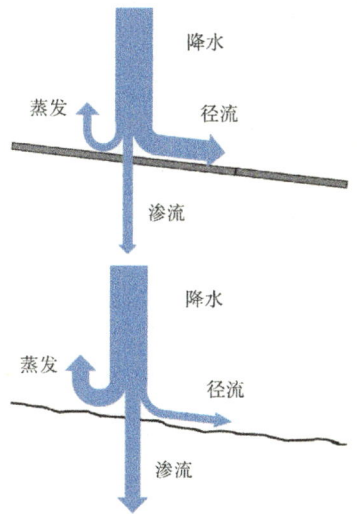

图 10-1
硬化地表与自然土壤的水平衡

10.1 住房存量与目标值

水资源与气候变化 如果地表没有硬化,623 mm/a 的长期平均降水量会转化为 78% 的蒸发量和 22% 的渗透量(柏林参议院,2013c)。在自然条件下,土地表面不应该产生径流。但是,广场、道路、建筑物和雨水管道等地表覆盖方式的改变将自然的排水情况改变为当前 40% 的蒸发量、14% 的渗透量和 46% 的地表径流量[1]。

水污染控制 目前,青斯特社区地表径流的受纳区域是需被保护的 2 处低地池塘(Hechtgraben,Fließgraben)。降雨峰值时,雨水排入社区的这两个天然水池和西部的人工贮水池。由于水池的净化效果有限(见图 10 - 2),道路排放所致受污染的径流雨水不能超过限制值(DWA,2007)。

10.2 策略

生态化的雨水管理提供了多种可在城市环境中灵活实施的策略。

保留植物种植区 重建水文平衡的首要任务是增加潜在的蒸发量。大型居住社区的典型结构是高密度住房与较大的开放空间,这使得庭院中的植物种植区域、街边绿地和丰富的树木能提供更多的蒸发量。因此,在采取任何(人为)措施之前,首先要保留现有的植物种植区。

地表覆盖可渗透 基于青斯特社区的现状,建议首先采取分散的、易整合的硬化地表的替代措施。现状的停车场均由不透水的水泥板建成,在更新的过程中,可以考虑使用透水沥青、透水砖、鹅卵石或草皮等来代替。这样做并不会影响停车场的正常使用,却能有效地增加地下水的补给。此外,青斯特社区的交通策略旨在减少汽车的使用,这使得许多停车场可以直接改为种植区域,提升土地的可渗透性(见图 10 - 3、图 10 - 5)。

[1] 计算值

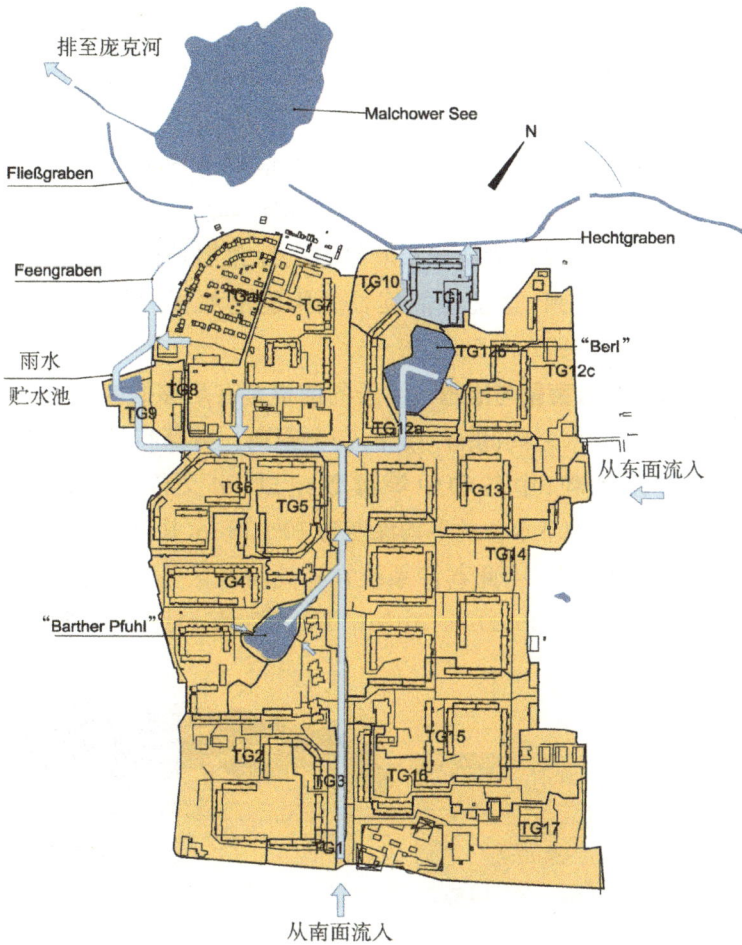

图 10 - 2
目前的雨水排水系统(改编自柏林参议院,2000；BWB，2014)排至庞克河

现存的雨水设施

青斯特社区的汇水区可分为几个子集水区。外部水流从青斯特大街(Zingster Strasse)的南部地区和东部的利比尼萨大街(Ribnitzer Strasse)汇入。水池作为贮水池连接了各个支流集水区。来自西北部的一小部分雨水直接被排入 Hechtgraben 小溪，而该社区的大部分雨水都汇入下水道，并流入西部的贮水池。雨水从该贮水池流出，流经人工小溪 Feengraben，再流入庞克河(River Panke)的集水区。目前没有径流排入 Malchower See 湖。Hechtgraben 小溪的径流在湖泊周围迂回。青斯特社区的集水区占地约 100 hm²，其中大约有 5 hm² 是不透水地表(见图 10 - 2)。

图 10 - 3
土地硬化的停车场与可透水停车场的设想(改绘自 Ruta, Jacek, 2015)

绿色屋顶　在建筑顶部建设绿色屋顶的方法简单可行，并且不会与居住产生任何功能使用上的冲突。雨水落到绿色屋顶，蓄留一段时间后一部分蒸发，另一部分沿雨水管道排出（可能有一些延迟）。蒸发有助于降温，并改善社区的微气候。即便是仅仅 10～20 cm 株高的地被植物也可蓄留年降雨量 50％的积水（柏林参议院 2010b）。此外，面积较大的绿色屋顶可以与光伏系统相互结合。绿色屋顶能通过蒸发达到冷却的效果，这甚至能延长太阳能电池板的使用寿命（见图 10－4、图 10－5、图 10－6）。

雨水分散蓄留与渗透　渗透的前提是有足够的渗透性土壤，并与地下水之间间隔一定的安全距离。青斯特社区的土壤主要由细粒、中粒和中等壤砂组成，水文传导率高达 427 cm/天。地下水位的平均深度为 10～15 m，并且对土壤污染的敏感性较低，因此蓄渗系统在青斯特社区是非常适用的（柏林参议院，2013b，2010a，2013a；DWA，2005）（见图 10－8）。

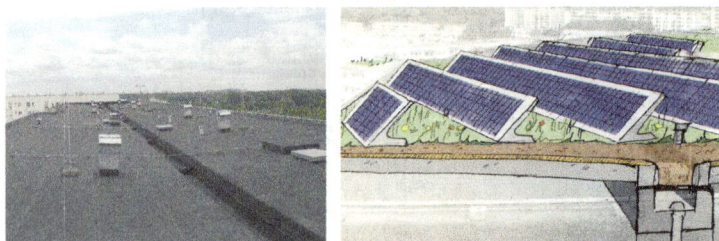

图 10－4
一栋 WBS70 建筑的绿色屋顶和光电设备（改绘自 Wriege-Bechtold，2014）

图 10－5
集水区 15 的可渗透区域（改绘自柏林参议院，2000）

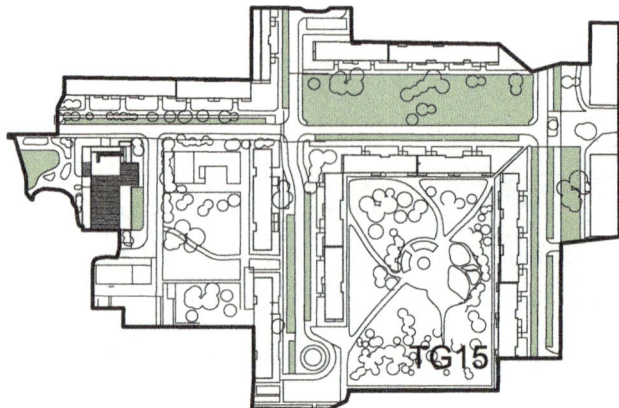

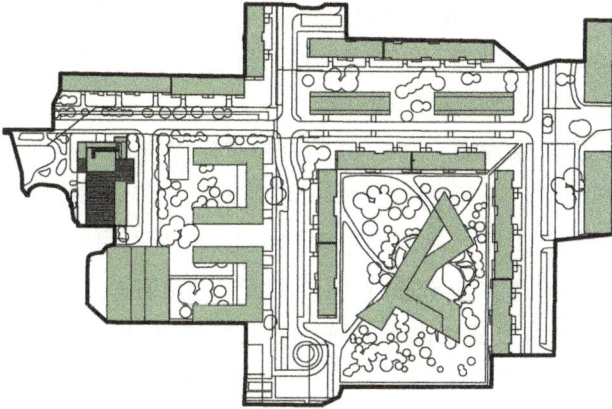

图 10 - 6
集水区 15 的绿色屋顶区域(改
绘自柏林参议院,2000)

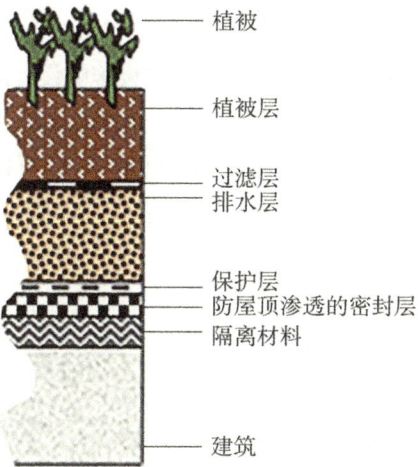

植被

植被层

过滤层
排水层

保护层
防屋顶渗透的密封层
隔离材料

建筑

图 10 - 7
绿色屋顶的结构分层示意图(柏
林工业大学城市水管理部门,
2014)

图 10 - 8
街旁的雨水分散渗透策略(改编自 Ruta, Jacek, 2015)

    开阔的道路交叉路口非常适合改建为可渗透性地表面。
首先,清除街道转角的混凝土层,以便留出空间种植更多的树木。渗透性表面需要种植多样的植被,以促进水资源的蒸发和向地下的渗透。更多街边的开阔空间可转换成可渗透的雨水设施系统(见图 10 − 5)。

街道排水沟渠 可以通过沿街道建设排水明渠、暗渠或植草沟等措施来重新设计雨水基础设施。沿街道设置的排水渠能与停车场可渗透的地表相结合,以便利用地形等条件设计自然的排水方式来增加蒸发量,这是自然的水处理方式。此外,来自灰水循环系统的多余的水也可以汇入排水管(见图 10 − 9、图 10 − 10、图 10 − 12、图 10 − 13)。在街道排水渠周边可以预留出一定的空间,以便日后安装黑水排水管道(详见《黑水处理》章节)。

排水管道联通 街边的人工排水设施的设计应考虑到两年一遇的降雨事件。如果遇到大雨,溢出的雨水或过量的工艺水均会排入现有的排水系统中。出于防洪目的,可以将现有的雨水排水管道作为临时缓冲器,以确保安全性(见图 10 − 13)。

图 10 − 9
街旁绿地的蓄渗透设施(改编自 Ruta, Jacek, 2015)

图 10 − 10
现有的硬化式街道和带明渠、植草沟等雨水设施的开放通道系统的街道(改编自 Ruta, Jacek, 2015)

绿色外墙(立体绿化)

除了改善城市微气候外,绿色外墙也是一种重要的美学元素,也可以结合太阳能电池板,在较低楼层设置绿色屋顶(见图 10 - 11)。

图 10 - 11
绿色外墙(Wriege-Bechtold, 2014)

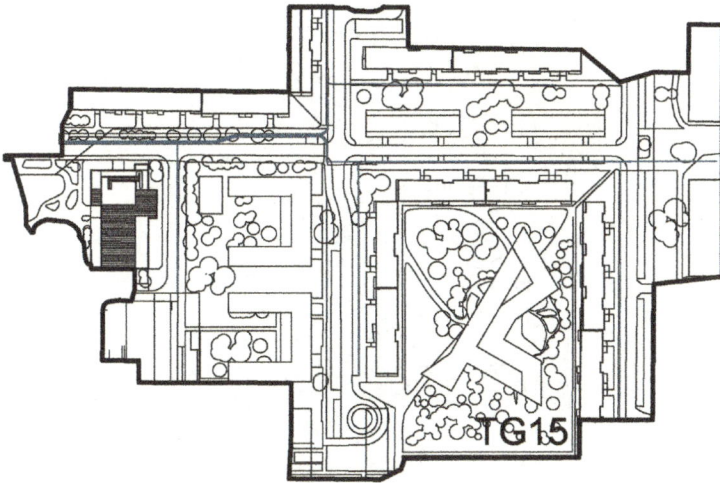

图 10 - 12
支流集水区 15 的明渠系统(改绘自柏林参议院,2000)

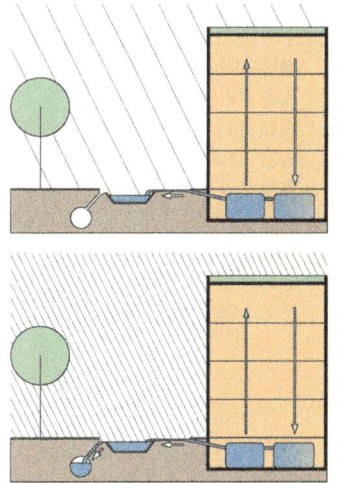

图 10 - 13
街道明渠的功能原理

城市街道的临时径流 根据风景园林规划设计的策略，将沿着青斯特大街建造一条人工水道（详见《风景园林》章节）和一条步行道。人工水道将沿着青斯特大街的西部车道而建。从各个子汇水区排出的雨水将通过街道旁边的无覆盖的排水沟渠汇入主干道明渠（见图 10 - 14）。

马尔乔湖水作为沐浴用水。 未来将把马尔乔湖水（Malchower See）用作沐浴水。通过对自然雨水的管理，居住区所产生的多余的雨水径流将能满足沐浴水的水质要求（见图 10 - 15）。

集水区新概念

作为新型雨水管理系统的一部分，雨水大部分汇入青斯特社区中轴线上的水渠，再排入马尔乔湖（Malchower See）。水渠的轴线与整个青斯特社区的长度相当（1,400 m）。该水渠还包括运输区、贮水区等。这处虽由人造却宛自天开的水渠与11个支流集水区（共17个）相连。水渠的宽度在 5 m—8 m 之间。除了现有的池塘、湖泊外，水渠还连通了 3 个贮水区（见图 10 - 14）。

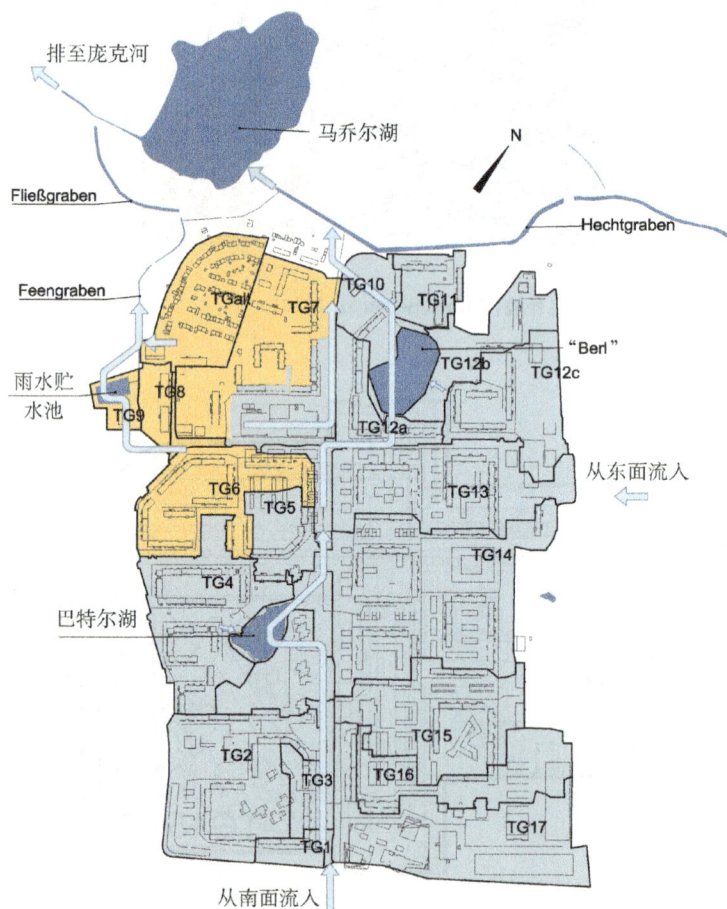

图 10 - 14
雨水管理新概念

图 10－15
Malchower See 已有的汇流水源（改编自柏林参议院 2000；Ruta，Jacek，2015）

城市道路轴线作为雨水径流的贮水设施 沿城市道路建设的水渠将连通数个贮水设施。其首选水流路线设计为利比尼萨大街/青斯特大街（Ribnitzer Strasse/Zingster Strasse)十字路口附近的子汇水区的径流，在通过波尔池塘以后，水流进入无覆盖的排水设施系统（图 10－16），以便当降雨量增大时，充分利用道路沿线的贮水设施进行防洪保护。在干燥季节，经过处理的、溢流的工艺用水可以沿着城市主干道流动，或积聚在贮水区。因此，季节性变化可能会影响社区街道的水文景观（见图 10－17）。

10.3 雨水平衡

考虑到目前的住房存量和预期的改造更新，生态雨水管理可以分为几个长期阶段予以实现：采用透水铺装（阶段 1)增加渗透，通过绿色屋顶等雨水设施促进蒸发，通过贮水池或雨水池增加渗透与净化（阶段 2)。综合管理过量的净化水和贮水池中的雨水（阶段 3)，以促进蓄留和渗透（见图 10－18）。因此，无论雨季还是旱季，利用净化后的水资源进行灌溉将给社区节约大量水资源。

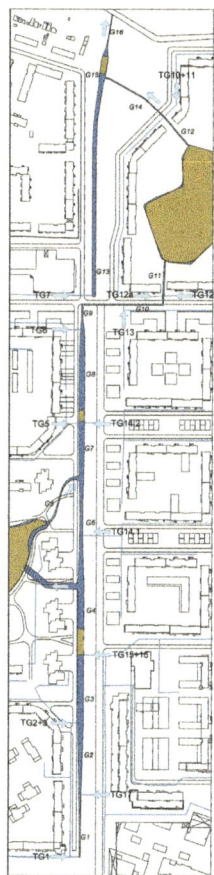

图 10－16
中轴水渠系统、汇流区和贮水池
（改编自柏林参议院，2000)

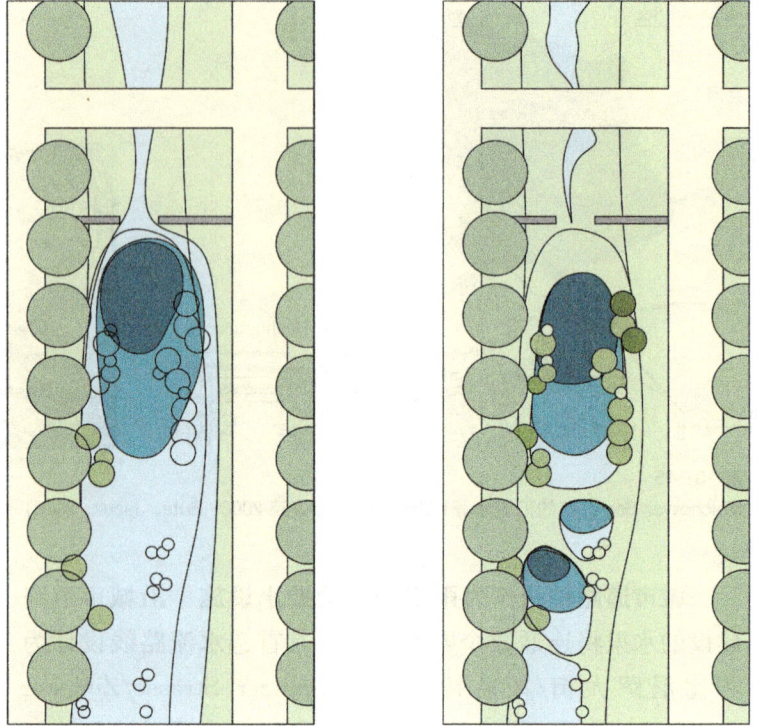

图 10－17
暴雨时的轴线水渠水位(左)与干燥时的轴线水渠水位(右)

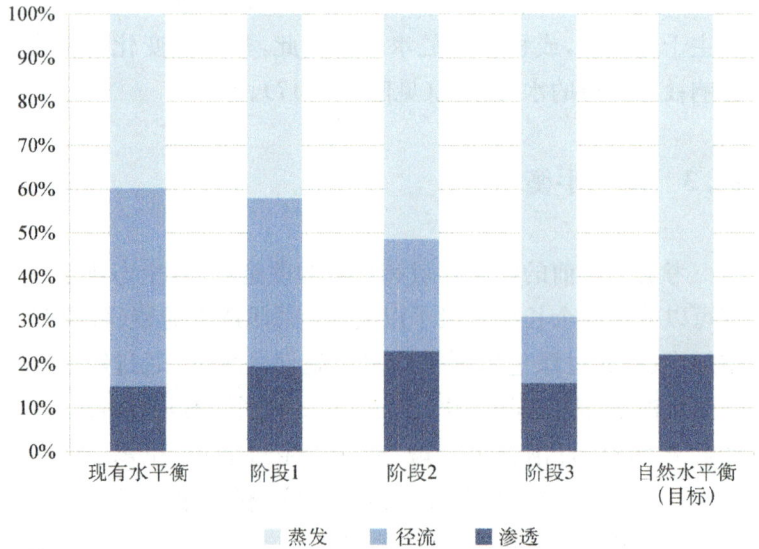

图 10－18
不同改造阶段的水平衡

规划建设新的建筑时,需谨慎考虑可能超出法定最低要求的雨水径流量。多种自然式的雨水管理方式可以与城市社区环境相互融合。雨水径流不应仅仅通过排水管道被排放到受纳水体中,更应尽可能长时间地蓄留在场地内。上述方法有助于改变社区中的硬化覆盖表面,促进下渗量(见图 10-19)。

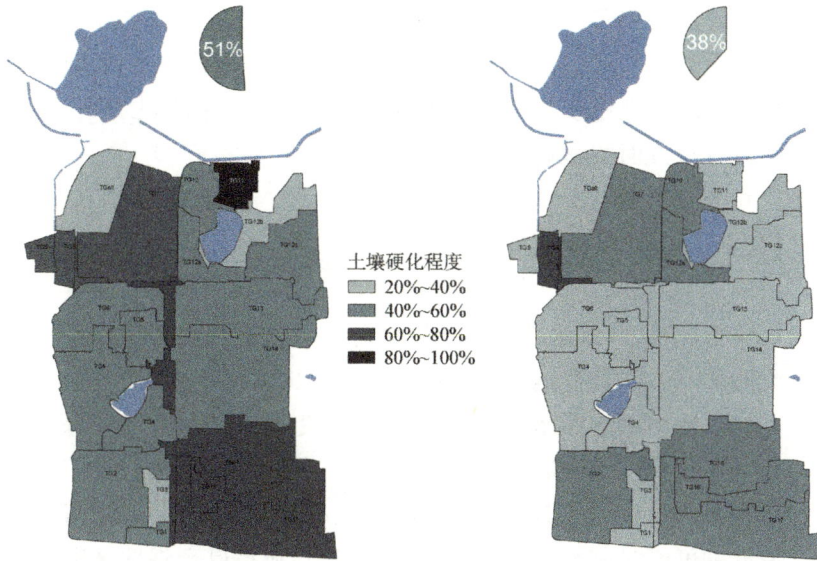

土壤硬化程度
- 20%~40%
- 40%~60%
- 60%~80%
- 80%~100%

图 10-19
目前的土壤硬化情况(左);居住区域扩大后的土壤硬化情况(右)(改编自柏林参议院,2000;BWB, 2014)

保持与改善当地水资源管理可采用多种方法,这需要平衡、整合相关领域的创造性策略和方法,需要相关经验和技术支撑,也需要尊重生态原则和自然规律。因此,跨学科合作至关重要。这不仅仅涉及城市设计、风景园林、水资源管理、能源工程、建筑设计等学科,也关系到城市气候变化的适应性。

11. 改造与更新

上述水资源管理方法均是对青斯特社区现有水系统的局部调整和完善。在现有的住房存量中,若有足够的空间,可以灵活地采取一些分散性的雨水管理措施。但在污水处理系统的大规模改造前需要制定一个系统性的策略,以综合考虑各个方面的影响因素。

11.1 城市设计层面

首先,旧的排水系统解耦的可行性取决于对现有排水系统的影响。如果解耦社区排水系统时减少了污水排水管,很可能导致与原有污水排水管道连接的废水排放无法得到保证,从而引发污水和污泥沉积的危险。因此,解耦之前我们首先需要对整个区域的污水排放系统进行检查,以便了解清楚解耦可能对该系统产生的影响。例如,新霍恩豪森地区有一个相互连通的排水管道网络系统,用于排放废水和雨水。青斯特社区是该网络的一部分(见图 11-1)。对下水道网络系统的分析表明,在整个区域的管网进行解耦的时候,青斯特社区主干线的污水管道足以排放邻近街区的污水。因此,青斯特社区才可以转变为一个分散、独立的"自治"排水系统。

11.2 社区层面

社区的水系统将按不同集水分区进行改造(见图 11-2),集水分区的划分则取决于污水管道。由于主管道中有足够的流量,各子分区相互独立,因此可以自由地调整分

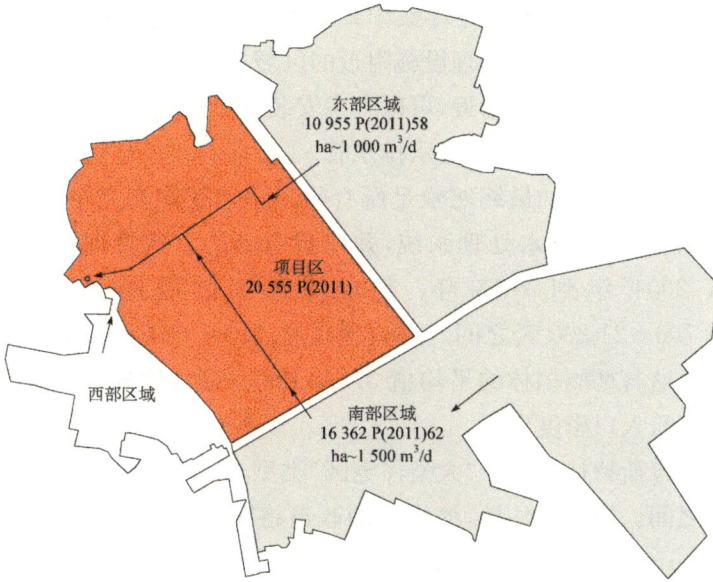

图 11 - 1
新霍恩豪森区域的区位(改编自
BWB, 2014)

东部区域
10 955 P(2011)58
ha~1 000 m³/d

项目区
20 555 P(2011)

西部区域

南部区域
16 362 P(2011)62
ha~1 500 m³/d

N

图 11 - 2
青斯特社区形成独立水处理系
统的子集水区的可能顺序(改编
自柏林参议院, 2000; BWB,
2014)

图 11-3
黑水处理模块的分配（改编自柏林参议院 2000）

区的解耦顺序。但对于半集中式的黑水处理系统，建议的施工顺序是首先连接处理设施附近的区域，然后连续连接较远的区域。在主干道附近，可以考虑安装一个按改造顺序逐渐扩展的管道，用于安装黑水排水管。

社区更新的最终愿景是所有的子集水区均能完全融入分散的灰水-黑水处理系统，并以近自然的方式管理雨水。从 2004 年到 2013 年，青斯特社区的居民人数为 18 700～21 200 人之间。人口密度在 225～300 人/hm² 之间。这与德国柏林的平均值 37 人/hm² 相比（柏林参议院，2015），人口密度更高。

青斯特社区属于"大型住宅区"类型，介于大型和中型城镇之间。据粗略估计，该社区的改造将在 20～80 年内进行（Kaufmann-Alves，2012）。

11.3　子分区层面

子分区可以按雨水集水区进一步细分（见图 11-4）。显然，解耦应从住宅区西北角的分区 1 开始（见图 11-5），因为它与黑水处理设施最接近。另一方面，以生态科普教育为重点的马乔尔学校（Grüner Campus Malchow）需与展示可持续循环利用的水管理措施紧密融合。

改造更新方案　将独立的雨水管理方法更新为雨水、灰水和黑水的综合改造策略。首先，在公共区域将硬化覆盖表面恢复为可渗透的地表，然后沿街道安装排水设施。第二阶段，在建筑区域进行，在改造时给不同污水排放单元安装独立管道，采用节水技术，安装厨余垃圾粉碎机。黑水和有机废物排放至原有的下水道系统，而灰水暂时不排入下水道。从边缘开始建立连续的分散式灰水回收系统（见图 11-6）。由于社区的人口密度高，安装灰水和黑水处理设施可能会耗费很长时间（见图 11-7）。

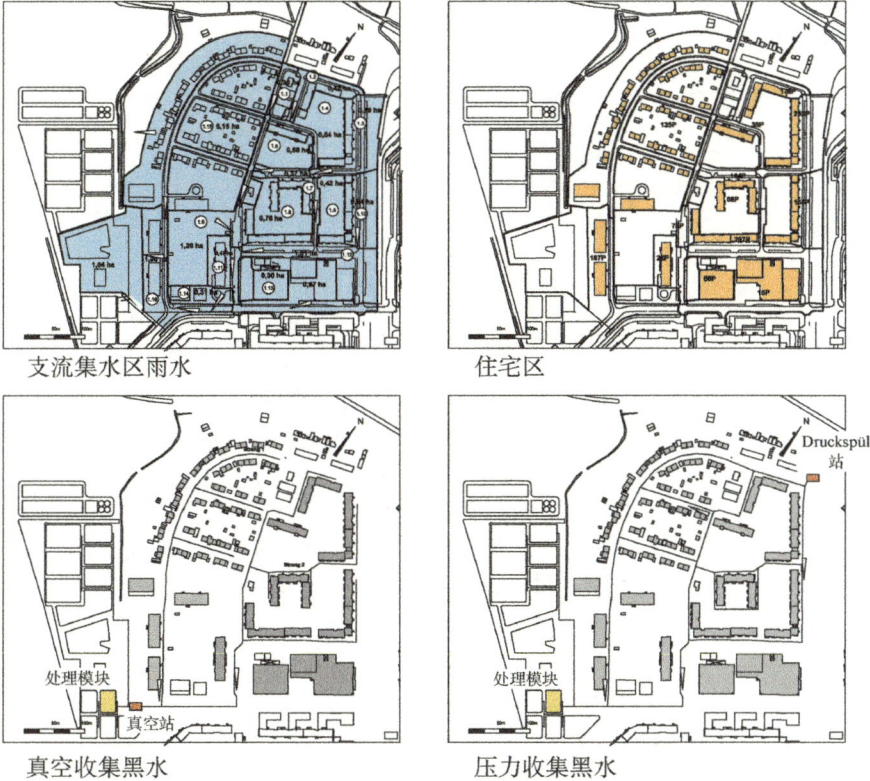

图 11 - 4

子集水区、建筑结构和黑水处理基础设施的空间离散化处理(改编自柏林参议院,2000)

11.4 分散式水资源管理设施——这是幻想吗?

在过去 15 年里,德国出现了许多追求创新式水资源管理的试点项目,比如德国吕贝克(Lübeck Flintenbreite)和柯尼特林根(Knittlingen)的生态居住区 DEUS 21 项目(Oldenburg 等人,2008;Zech 等人,2008)。较新的一个实践项目是位于德国汉堡附近的 Jenfelder Au 住宅区,那里大约有 770 个住宅单元与分散式黑水和灰水处理系统连接(Skambraks 等人,2012)。2014 年,在青岛世界园艺展览会范围内,安装了一个约 12 000 位居民使用的"半集中式供水与排水系统"(Bieker & Cornel, 2014)(见图 11 - 8)。这些

图 11-5
子集水区示意图(改编自柏林参议院 2000)

N

① ② ③ ④ ⑤ ⑥ ⑦ ⑧ ⑨ ⑩ ⑪

改造阶段

	0	10	20	30	40	50	60	70	80

开封密闭的土壤
交通基础设施（雨水和黑水）
绿色屋顶
（半）集中式雨水贮水池
私人雨水管理
节水措施
灰水循环系统
黑水处理系统

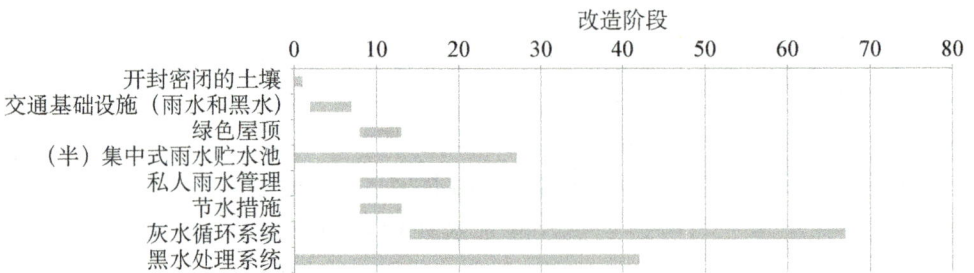

图 11-7
子集水区 1 的措施改造与更新的时间序列（作者根据 Kaufmann-Alves 2012 的特征参数研究得出）

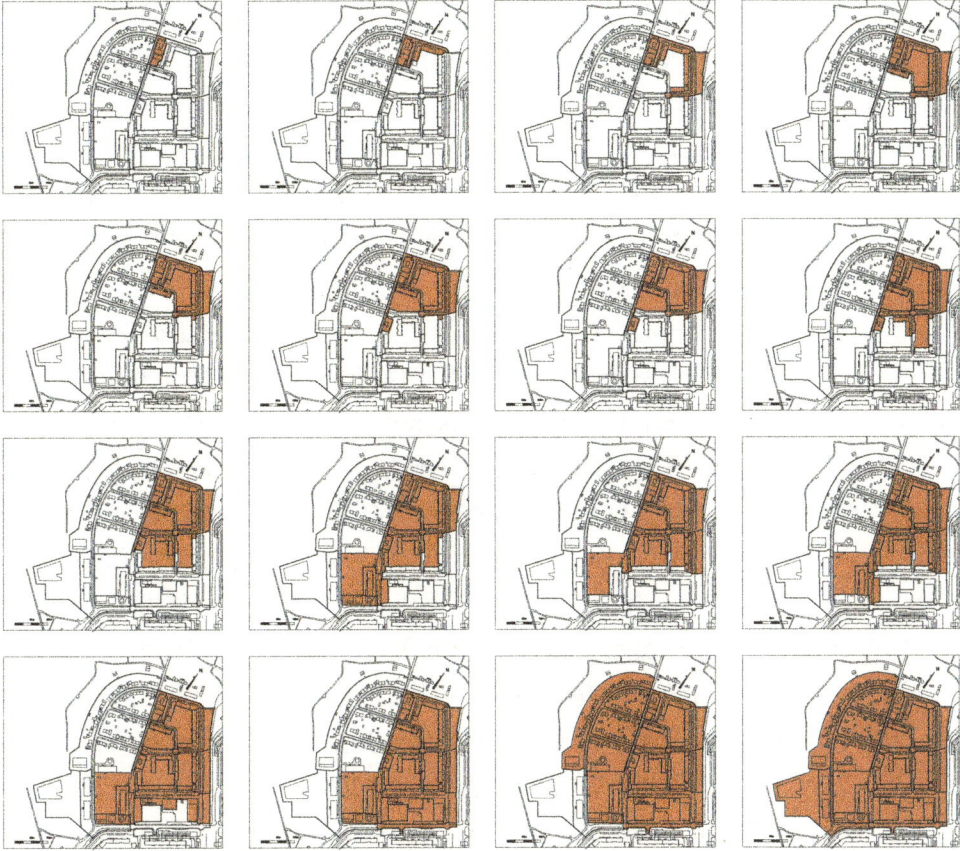

图 11 - 6
在子集水区 1 采取更新改造措施的空间顺序(改编自柏林参议院,2000)

图 11 - 8
中国青岛的半集中式水资源供应与处理中心(Abbate, 2015)

项目都是城市水资源管理方面较新的实践。目前，城市水资源管理设施的改造与更新是专业讨论的重要话题（Sigglow，2011；Kaufmann-Alves，2012；Kaufmann 等人，2007；Schiller，2010）。然而，在现有住房存量中实施可持续的排水策略仍然属于少数情况，因为大型住宅区的建筑结构趋于标准化，所有权也大致同一，所以更适合建立分散式的水资源管理系统。大规模安装设施时需要特别注意与市政供水公司的合作。德国柏林一些区域已经开展了分散式水资源管理系统的试点项目，例如位于马格雷腾地区（Malchow Margaretenhöhe）的"Klärchen"（BWB，2006）。然而，柏林水务公司的规划中并不包括这些新的尝试。一个明显的例证就是位于柏林城市边缘的未铺设水资源管理管道的大面积地区（称为"蓝色区域"）产生的废水均向中央系统（BWB，2011）排放。如果需要用压力式下水道代替重力式下水道来处理黑水，那么与柏林水务公司合作，为不同的污水建立各自的排水设施将成为可能。但这样的水资源管理方法和设施会涉及私人和公共空间。如果预算较少，或因其他原因阻碍了半集中式黑水处理设施的建设，那么也可以继续使用集中式的水资源处理方式。但在这种情况下，中央污水处理装置的工艺必须适应不同的污水质量。如果大规模运用本章节建议的黑水处理策略，则需要逐渐停用中央污水处理设备。

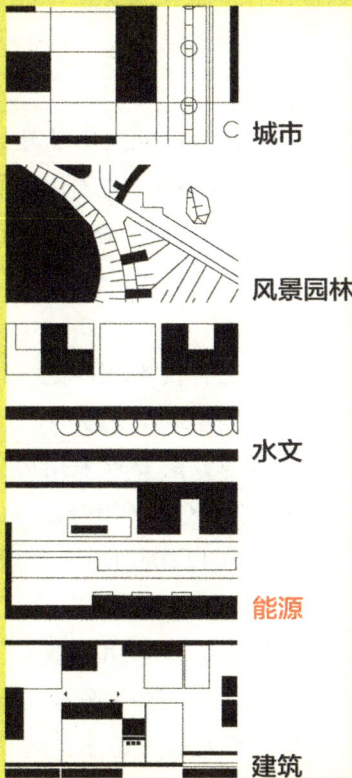

城市

风景园林

水文

能源

建筑

能源

12. 能源的研究问题

12.1 从褐煤到太阳能面板

德国政府表示,目前德国住宅对二氧化碳年排放总量的贡献率为 20%。到 2050 年,住宅应转变为"气候友好型"的状态。

本研究中的研究对象——青斯特社区中的建筑配有分散式太阳能供热系统、废水热回收系统、暖气片和受管控的居住空间曝气系统。这表明,在每一个分散的建筑物中,在技术层面上都可以将旧的供应系统转换为非二氧化碳排放的供热系统。

采用的改造更新方法要与现有技术相匹配。很多可以用于潜热贮能的材料目前仍处于测试阶段,并不适合现阶段的实践。但鉴于社区改造更新的方法要求采用最先进的能源工程技术,故建议在大型住宅社区中采用分散式的非二氧化碳排放供热模式,并且该技术可以在其他不同气候条件的国家和地区推广。

青斯特社区的建筑布局方式适合采用分散式资源和气候友好型的供暖技术。而这表明了一个明确的讯息,即该社区的能源更新工程解决方案的实施不需要推迟到 2045 年或 2050 年。相反,鉴于当前气候变化即将带来的灾难性后果,并为子孙后代谋福祉,现在正是应对这一挑战的关键时刻。

下文描述了 HOWOGE(德国柏林 6 家市政房产公司之一)在青斯特社区建筑布局的现状,并介绍了建立非二氧化碳排放型供热系统的主要功能和适用范围。该技术适用于单个建筑物或建筑群。

12.2 供暖的现状

马库斯·内梅尔

青斯特社区现有的供热(无论是暖气片还是热水)是通过与瑞典大瀑布电力公司(Vattenfall)集中供热网络间接连接的方式在各个建筑物中建立的,即由热电厂集中供热。热电厂将煤炭资源转化为电能,而该过程中产生的废热则用于集中供热。

目前,社区内的建筑物由带暖气片的单管系统进行供热,但是也正在进行改造,即将供热方式转变为更经济的双管加热系统。自来水也由建筑物内部的中央集中供暖系统的储存空间供热。

由 HOWOGE 提供的数据表明,自 1990 年以来,社区中的集中供热需求减少了一半以上(54%),这主要归功于近年来社区内建筑通过采用隔热材料、更换窗户和在暖气片中安装恒温阀等措施对其保温系统进行了大力改造更新。根据调查报告的结果,目前中央供暖系统最大的能源供应能力是为总面积达 420 057 m^2 的区域提供 29.08 MW 的电量,提供 37.4 W/m^2 的特定输出功率。

虽然没有未更新改造前的采暖能耗数据作为参考,但可以预估,能源工程更新后的能耗比原中央供暖系统减少了40%。2012—2013 年采暖季节的总消耗量为 45 820 MWh/a,即单位热能消耗量为 109.1 kWh/m^2。

12.3 太阳能面板策略

本项研究的目标是为青斯特社区的建筑物开发一个自给自足、不排放二氧化碳且安全的供暖供电系统(见图 12-1)。建筑结构必须适应被动式房屋建筑的最新技术水平,特别是在气密性和隔热性方面。加热策略是通过安装在建筑朝南立面上的太阳能集热器(真空管)提供该建筑的热量供应,太阳能集热器产生热量并将其存储在屋顶的大型

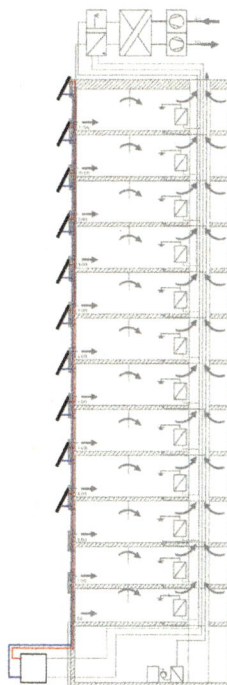

图 12-1
太阳能面板系统

季节性水箱中。

　　房间的供暖应由可管控的家庭曝气装置、热回收的通风系统以及暖气片供应。增设的分散式换热器能以连续流动模式和中央废水热回收方式来保证自来水热水的供应。

12.4　产热和储存的目标

　　真空管太阳能集热器收集并产生热量，可以安装在建筑向南立面的排窗之间——不是垂直安放而是略微倾斜，借此提高太阳能集热器的效率。当夏天太阳高挂时，它们可以提供遮阳，但并不会在冬天不太强烈的太阳光照下产生阴影。没有窗户的建筑山墙面墙壁可以被大量垂直集热器广泛覆盖。为了提高效率，使用的载热介质是水而不是乙二醇的混合物，因为水具有更高的热容量并且可以避免热交换器回路中的温度损耗。强绝缘管道及其组件和阀门安装在外壳的绝缘层中。各个收集器使用电动球阀控制，并根据其热水平调节相应的温度。由于太阳辐射水平与实际热耗完全不相符（见图 12-2），因此必须保存夏季产生的热量，以确保供暖可以供应至来年夏天。

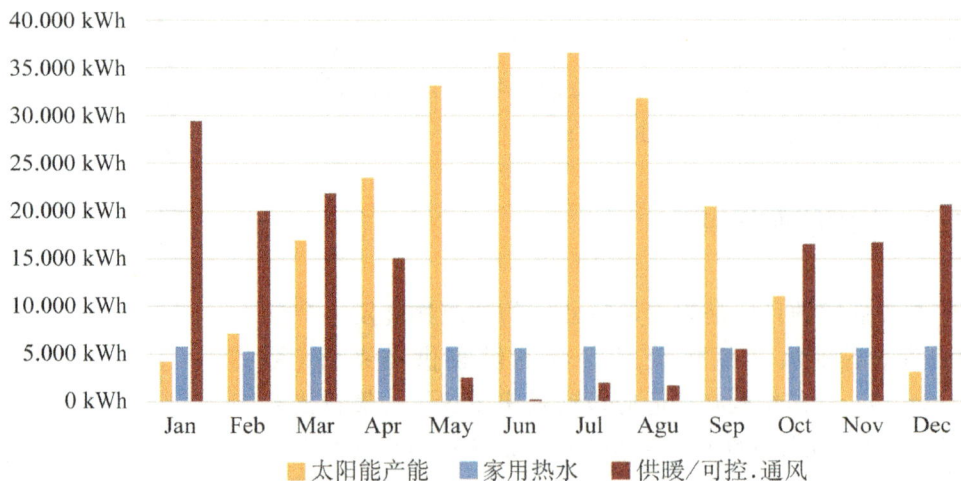

图 12-2
太阳能产能和供热需求分析（供暖和家用热水）

此外,季节性储热器可以作为补充,以备不时之需。季节性储热器一般埋在土壤中,是用于储存热水的强保温储热器(见图12-3)。

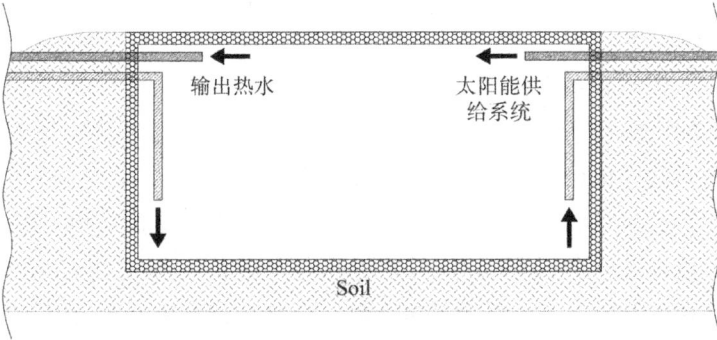

图12-3
季节性蓄热设备(局部)

地下管道将每栋建筑物的太阳能集热器系统与埋在土壤中的季节性储热器连接起来。为实现可持续供热,可以通过管道将其连接到其他储热库。建筑物地下室的供暖系统也可以从季节性储热库中获取热量。

由于储热器需要占用很多空间,下列几种目前正在测试阶段的储热器是可能适用于城市社区建筑:

——利用物质(如石蜡)相变能力的潜热储存器。例如,通过熔化物质来存储能量并通过逆过程将该能量释放为热量。但与热水箱相比,这种方式下的热存储量会减少20%～25%。

——与潜热储存器不同,热化学储存器不应用物质的相变,而是运用可逆的物理-化学反应(吸附)来储存能量并释放可用的热量。热化学储存的热容可能比热水箱高4～5倍。但在储存相同的热量时,热量可能会损失20%～25%。

除了高热容之外,通过转换热能,这两种无水系统还都具备几乎无损耗的长期存储的额外优点。大型水箱的投资效益一般可在4～5年内实现。

水箱的额外热源也可以来自"加热功率"。如果输电网中存有过多的电力,通过短暂加热通电缓冲器可有助于减小储存器甚至太阳能收集器面板的尺寸。当电网中出现过剩供电(产量大于需求)时,应用这种电力是方便快捷的,且可以避免使用风力涡轮机或光伏系统等再生发电机,以确保稳定的电网供应,并将其多余的能量转化为热能。

12.5 可管控家庭通风设备/散热器

用可管控的家庭通风设备的通风系统来满足社区中公寓的供暖需求。由于卫生原因,需要的通风是通过具有高效热回收功能的通风系统予以实现(见图 12 - 4)。

通风机将公寓的废气通过浴室中的通风井排放到屋顶的中央装置中,该装置在需要加热时可通过横流式热交换器加热外部空气。如果温度低,则外部空气的补充供热由下游备用加热炉中来自太阳能集热器的热水提供。外部进入的空气用这个方式加热,并从另一个通风机排出,通过高度隔热的空气通道系统,进入到外壳绝缘层中,通向立面两侧每个窗户下方的入口(见图 12 - 5)。进气口配有节流阀、消声器和过滤器。公寓需要内部溢流入口,以便空气可以通过现在的井筒再次排出。排气口配有防火阀、容积流量调节器和消声器。

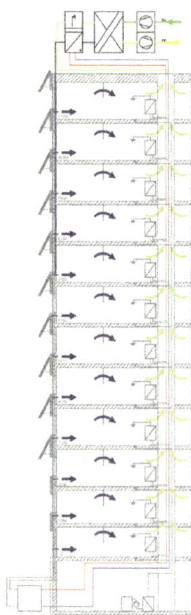

图 12 - 4
可管控的通风设备

图 12 - 5
中央通风设备组合及流程

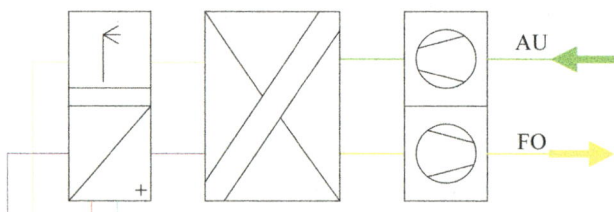

夏季采用绝热冷却的方法,将处理过的废水喷射到冷却的废气中,进而冷却热交换器中外部进入的空气。

可以在夏季提供遮阳的绝热冷却装置目前已成为一种为了避免夏季气温升高和意外的极端天气事件影响的额外措施。

为了减少传输热量消耗,由毛细管制成的加热元件可以安装在窗户下方并且在非常低的温度下运转。

12.6 热自来水的目标状态

通过立管连通紧凑式热交换器的热水龙头，灰水通过热交换器（详见《水文》一章节）可以变成微加热的自来水，并解决细菌感染的问题（在28℃温度时）。

即使在无人使用时，通过被动式温度控制器保持热度的热交换器也必须连接到立管上，以便从季节性储存器中获得太阳能加热的热水。

在这方面，在水龙头处使用分散式热交换器大有裨益，因为自来水系统可以在低得多的温度下运行，从而减少季节性储水箱的热损失，缩小储水箱所需的体积。同时，太阳能集热器系统的运行效率也更高（见图12-6）。

12.7 以青斯特街道18—22号建筑为例

青斯特社区18—22号区域中11层高的居住建筑已经验证了上述设施的可行性（见图12-7）。本书给出了所参考住宅建筑的编号，以便评估所需的太阳能收集器表面尺寸和整个社区所需的存储容量。

根据HOWOGE提供的数据，青斯特社区18～22号建筑群的可用面积约为7 350 m²。假设每个居民的使用面积为39 m²，则该区域总共住有188位居民。

12.8 计算出每年的热量消耗量

假设平均传热系数为0.27 W/m²K，运用壳表面法（shell surface method）计算外墙和纱窗传递所产生的热损失，其结果显示建筑物的热损失约为67 kW（见图12-8）。

通过模拟柏林地区的年通风时间（包括储存和分配损失）确定了理论上的年耗热量为220 100 kWh/a，仅是目前耗热能的27%。

考虑到横流式热交换器的效率为82%，通过模拟柏林的

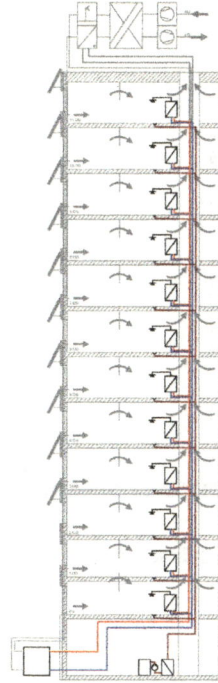

图12-6
由分散式热交换器提供的家用热水

图12-7
青斯特社区18—22号建筑南、东南立面

图 12 - 8
铺设太阳能面板的建筑立面效果图

每小时耗热数值来确定供应可控通风系统所需的热能比例，最终得出通风系统需要约 48 000 kWh/a 的能耗。

假设平均传热系数为 0.22 W/m²K，对设施相应的壳体表面进行为期一年的通风模拟，供应壁式加热元件所需的能耗是 71 000 kWh/a，能够支撑传输过程中的热量消耗。

在计算热水消耗和供应的比例时，假定每天每位居民消耗 45 L 热水（45℃），如果将废水的热回收利用考虑进来的话，自来水热水供应的年热需求为 68 000 kWh/a。

在对传热过程的评估中，发现水箱的损耗为 20 000 kWh/a（约 9%），而对所有系统的评估的结果显示配电损失约为 7 500 kWh/a（3.5%）。在不利的天气条件下，加热太阳能集热器大约需要 5 560 kWh/a（3%），才能保持太阳能集热器防冻。

下图展现了未来可能的消费结构：（见图 12 - 9）

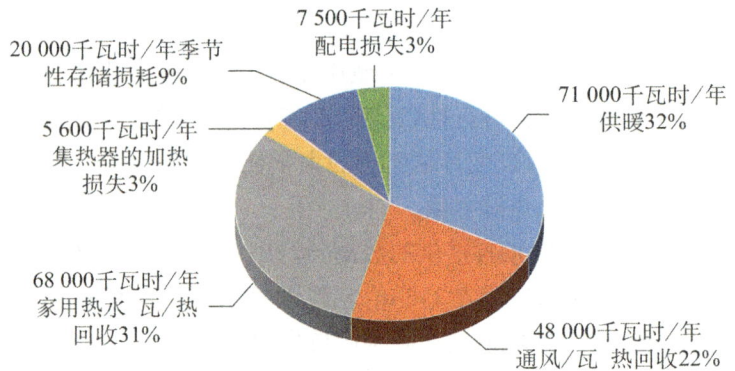

图 12 - 9
目标状态下的年度供热分配分析

12.9　热发生

例如，7 层建筑的朝南或东南朝向 707 m² 的立面覆盖太阳能集热器，则能通过太阳能集热器全面供应每年 220 100 kWh/a 的耗热量。倾斜的立面集热器的年效率可达 33%，而山墙上垂直安装的集热器的年转换效率仅有 20%，预计总热量产量约为 225 000 kWh/a。

12.10　运行电能

部分运行电能可由安装在屋顶上方的电池缓冲光伏电站产生,所需占用屋顶空间的面积约为 890 m²。

12.11　蓄热

对耗热量和太阳能发热器进行为期一年的模拟发现,需要安装一个热容量为 111 400 kWh、净容量为 1 600 m³ 的季节性蓄热池,将夏季剩余的热量以热水的形式储存。

季节性水箱所需的体积类似于直径为 15 m、高度为 9 m 的圆柱体(详见《建筑》章节中的透视图)。

如果采用潜热储存器,或者热化学储存器这两种方案,青斯特社区中的建筑物所需的存储容量约为上述值的 1/4,即 400 m³。

城市

风景园林

水文

能源

建筑

建筑

13. 创建新型综合性城市空间的策略

　　由于资源短缺、资金紧张、生活空间有限等问题,德国正在加快推进大规模高效住宅建造,以构建一个"标准化建筑体系":以最省力的方式,建造以实用性为主的高层住宅,具有高效、经济、便于统一运输、装配的特点。在早期 P1、P2、QP 这 3 种建筑模型的基础上,建筑师斯多克奈希特(Stallknecht)和菲尔兹(Felz)发展出更高效的"装配式住宅70 系列"(WBS70),成为德国最普遍的装配式建筑体系。城市发展只关注建造方式所造成的恶果至今仍然清晰可见:建造工程千篇一律,毫无特色可言。按照这种方式建造的住宅区和城市社区,若不进行进一步的更新与改造,就不可能拥有多种不同的使用功能,人与公共空间无法沟通交流,也没有一个充满生机活力的底层社交空间。在广泛考虑现有研究成果的基础上,本书提出以下 3 种社区更新策略,将上述城市社区中的住宅建筑群改造成混合功能的、综合性的社区,以与公共空间产生更多的积极联系(见图 13-1)。

　　(1)以物易物:改变的催化剂——资源的再利用与功能更新。利用各种资本,如法规、新建筑的经济潜力、人力资源(自装式建造的可能性)等,作为物物交换的可能性,以促进现有社区结构的一系列改变。

　　(2)现有住宅:对重复的、单调的装配式建筑体系进行干预。如同积木式的叠加系统,装配式建筑的结构具有可计算性。本章将展示如何通过人为干预,扩展这些建筑结构和环境的空间和功能。最重要的变化可能表现为以下几个方面:

——充分利用街旁和庭院内被孤立、分离的底层建筑空间

　　——建筑外立面需适应建筑外部与内部新的空间关系

　　——有更多用途且适应更多住户的新型公寓

　　以上规划设计建议详见《水资源管理》和《能源工程》相关的科技论文研究成果。

　　(3) 新建筑：空间和功能集约处理。基于城市设计分析的结论以及风景园林学基本原则,建筑群围合成的中庭和现状装配式建筑物之间的具体尺寸和相对位置已经确定。此外,社区改造更新方案也慎重考虑了如何将新的创新性技术融入社区公共空间的设计、建造与管理过程,如在庭院中增设大型能源储存罐或新建屋顶花园等。

　　上述干预措施是为了落实社区可持续建设的逐步转变,使城郊的居住社区从单调重复、不适宜居住的环境变成多元化而充满活力的空间。

13.1 以物易物——改变的催化剂

弗洛里安·科尔

建筑环境空间结构和功能的更新必定有促使其改变的强烈动机,例如经济和法律效益等。建筑改造产生的新功能可以帮助减少新建筑建造产生的成本。

图 13-1
青斯特社区建筑更新
设计示意

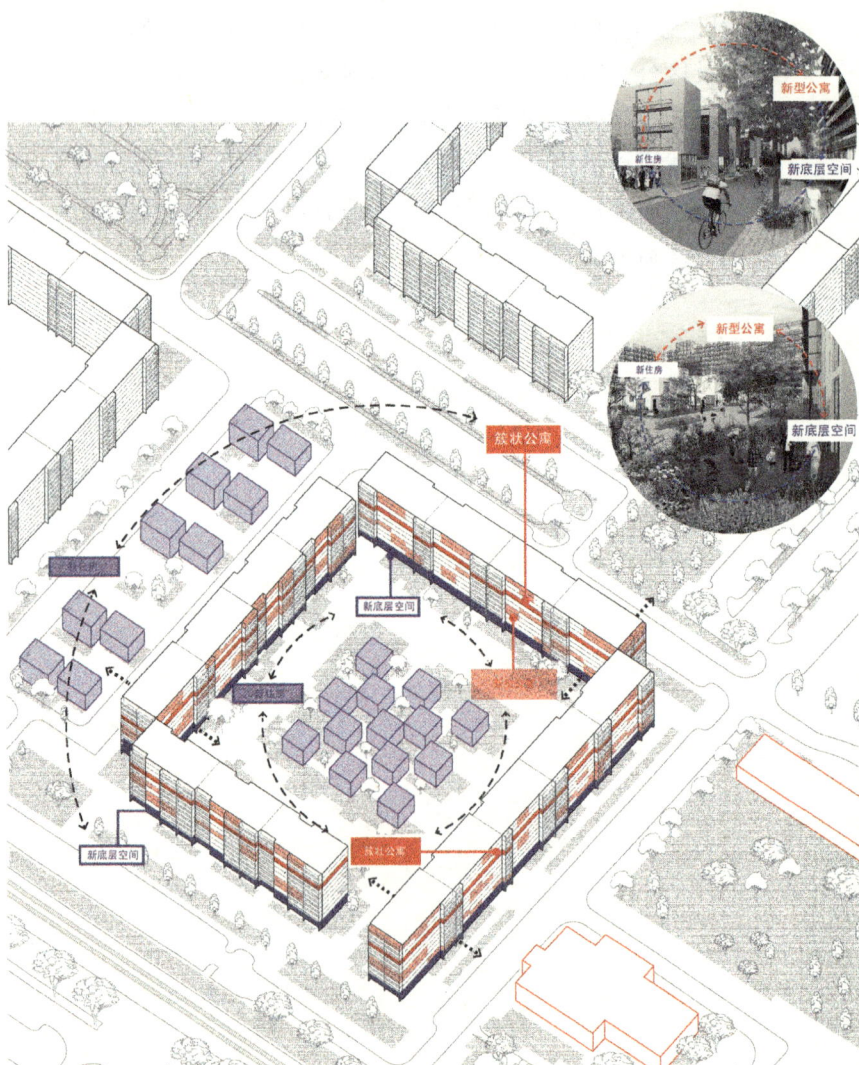

城市生态社区多学科规划设计途径

13.2 从千篇一律到多种多样

案例：装配式住宅 70 系列（WBS70）；模块化设计促进改变的潜在可能

在 WBS 70 所用构件中，水平和垂直方向最小单元格为 1.20 m，底部是 3×6 m 的预应力混凝土板，每隔 6 m 由一堵 12×2.80 m 的预制剪力墙支撑。非承重双层外立面为悬挂状态。阳台根据不同位置和朝向面向庭院或街道。这种标准化结构具有可复制的优势，通过预制模块化干预，形成不同改造状态（见图 13-2、图 13-3、图 13-4）。

13.3 与外界产生更好的联系：建筑外表

建筑外立面：由内而外的改造

已修复和未修复建筑的非承重外立面可进行不同规模的重复改造，这些改造不仅会改变建筑内外环境的联系，也会为社区更新和建筑改造创造新的可能性。

小型：扩大或连接窗口（见图 13-5、图 13-8）

——增加已修复或未修复建筑与外界的联系，以最省力的方式改善建筑外观

中型：更换所有构件，形成双层公寓和商铺（见图 13-6、图 13-7、图 13-9）

——地面层：改变内外空间联系，充分利用地面层创建多功能公寓和商铺

——上层：调整楼层平面布局，可布置必需的、采光好的公共休息室、簇状公寓等（以第八层为例）

——屋顶：移除预制构件，除了庭院提供的活动空间外，修建屋顶花园，供所有住户使用

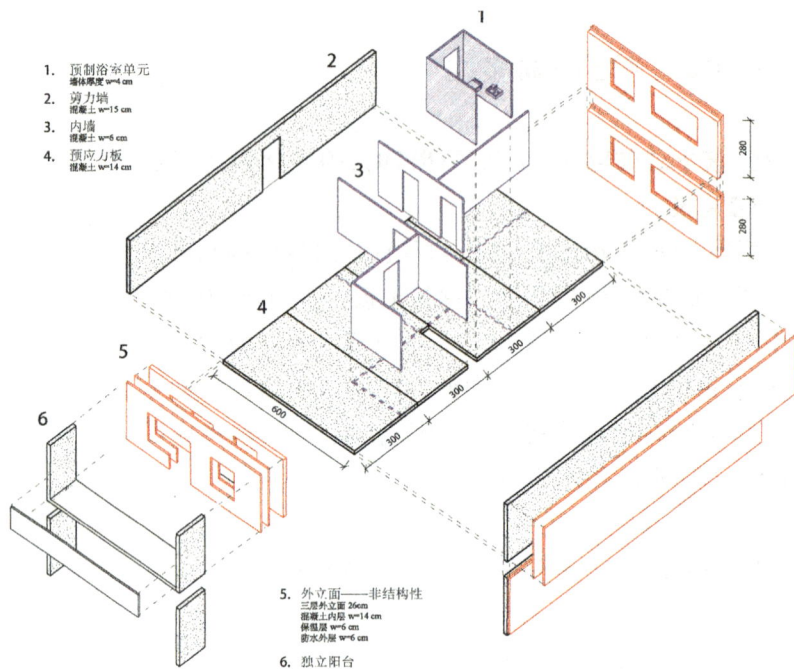

1. 预制浴室单元
   墙体厚度 w=4 cm
2. 剪力墙
   混凝土 w=15 cm
3. 内墙
   混凝土 w=6 cm
4. 预应力板
   混凝土 w=14 cm

5. 外立面——非结构性
   三层外立面 26cm
   混凝土内层 w=14 cm
   保温层 w=6 cm
   防水外层 w=6 cm
6. 独立阳台

图 13 - 2
WBS70 建筑构造

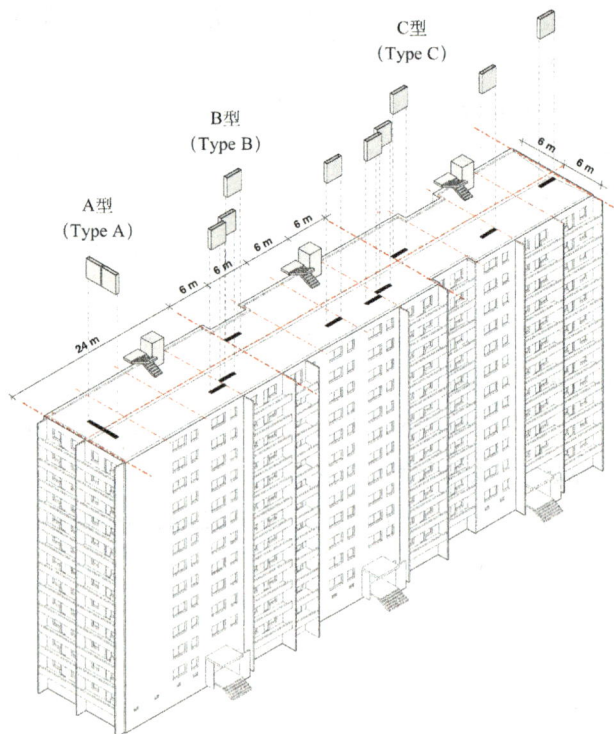

A型
(Type A)

B型
(Type B)

C型
(Type C)

图 13 - 3
WBS70 的构成

图 13-4
WBS70 住宅中的内庭

图片来源：Ruta, Jacek 2015

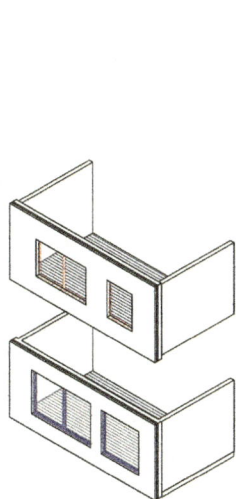

图 13-5
1 小型：修改窗户尺寸

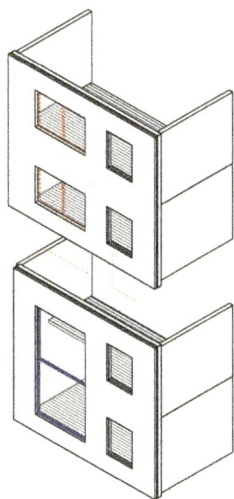

图 13-6
2 中型：连接不同楼层

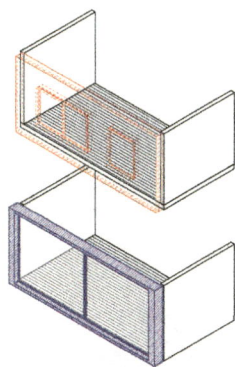

图 13-7
3 中型：更换外立面构件

　　大型：修建温室花园作为绿化缓冲带和新型户外活动区（见图 13-10）

　　——幕墙及温室花园可以使居民根据所属的不同气候带调节建筑立面，并提供更好的观景体验

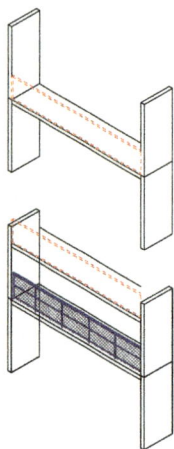

图 13 - 8

4 小型:

新栏杆带来更开阔的视野和更
开放的建筑环境

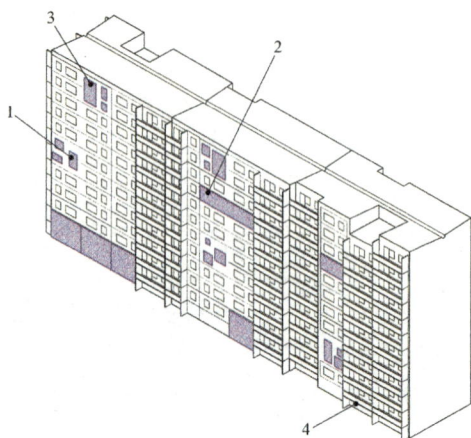

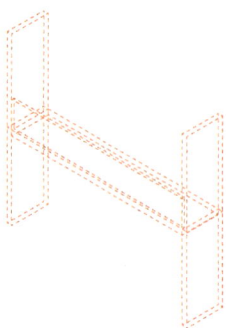

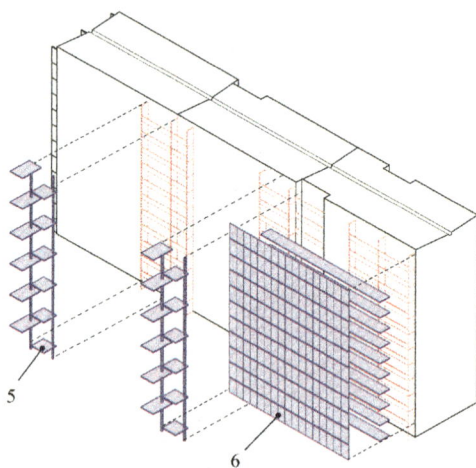

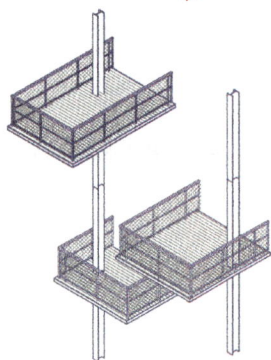

图 13 - 9

5 中型:

不同的阳台进深让居民充分感
受内庭和街道的宽阔空间

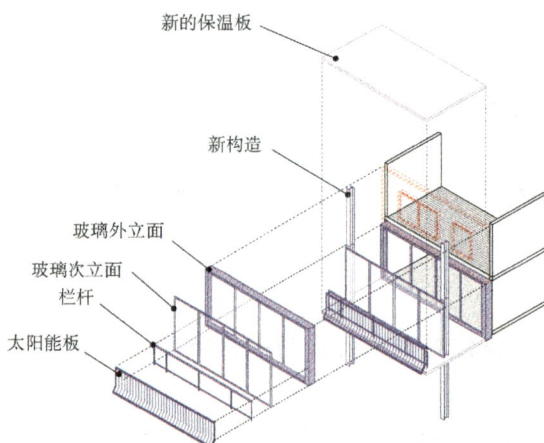

新的保温板

新构造

玻璃外立面

玻璃次立面

栏杆

太阳能板

图 13 - 10

6 大型:温室花园

13.4 相关变化：建筑地面层

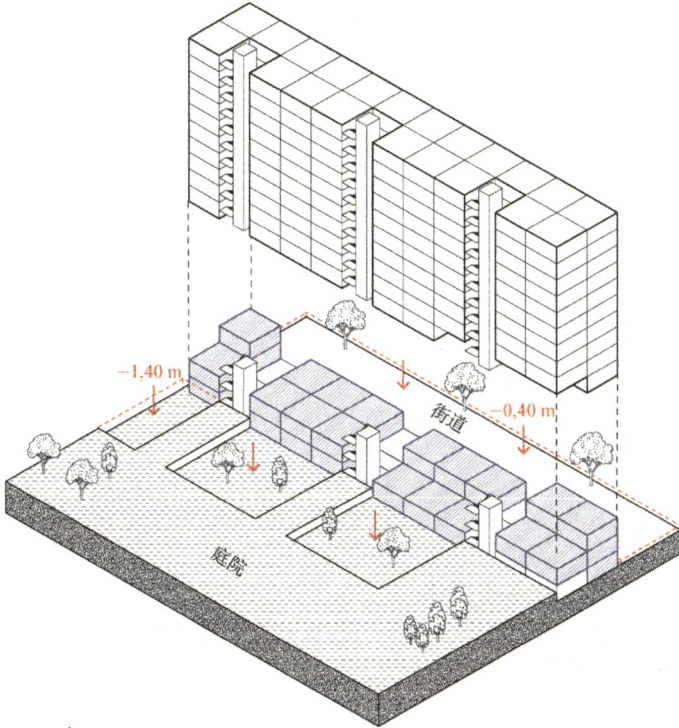

图 13－11
建筑地面层的混合单元

调整地面层是社区建筑改造与更新的一个重要部分：新构造可直接通向庭园和街道，因此建筑底层空间可以被赋予其他功能，如小型工坊、工作室、公共休息室、商店或诊所，以及与花园相通的宽敞公寓等。混合单元如果能够被灵活地利用，则可以满足居民的现有需求，也可以创造新的功能。（见图 13－11、图 13－12、图 13－13、图 13－14、图 13－15）

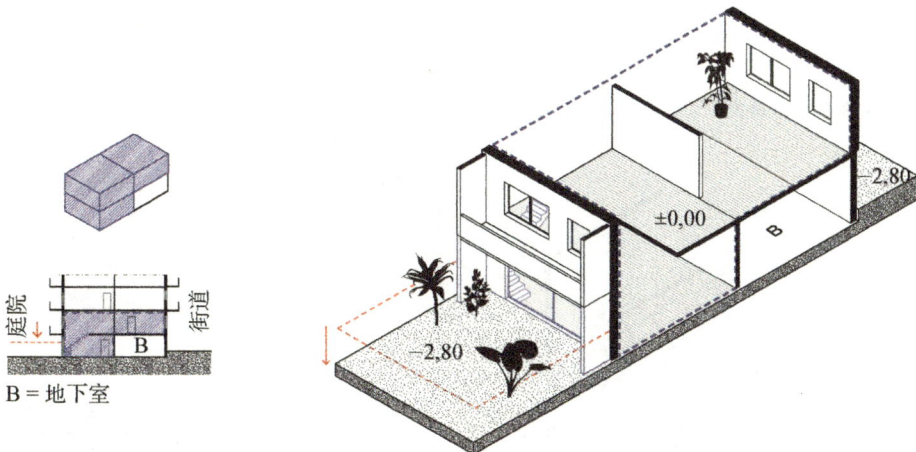

−1,40 m

街道

−0,40 m

庭院

±0,00

−2,80

−2,80

B＝地下室

庭院　街道

图 13－12
A 型：庭院
修建地下室，混合单元面向庭院开放，下沉式庭院可以为居民提供私人花园

图 13 - 13
B 型：街道
修建地下室，使建筑底层空间降
低到与街面平齐

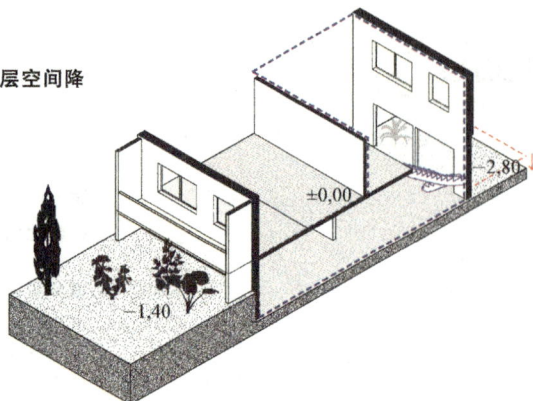

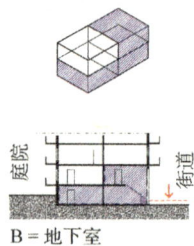

±0,00

−2,80

−1,40

庭院 街道

B ＝地下室

图 13 - 14
C 型：庭院和街道
修建地下室，使之与街道和花园
平齐

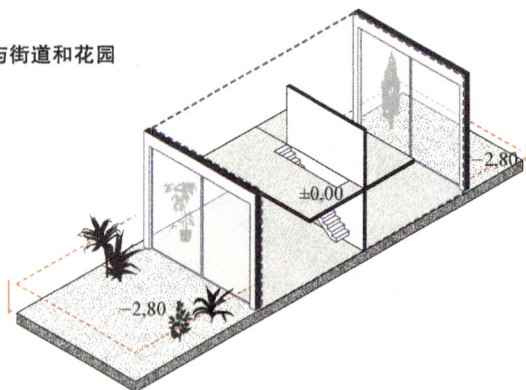

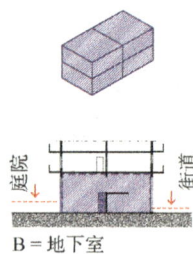

±0,00

−2,80

−2,80

庭院 街道

B ＝地下室

图 13 - 15
D 型：建筑一层与二层
地下室不变，将建筑的一层与二
层连通

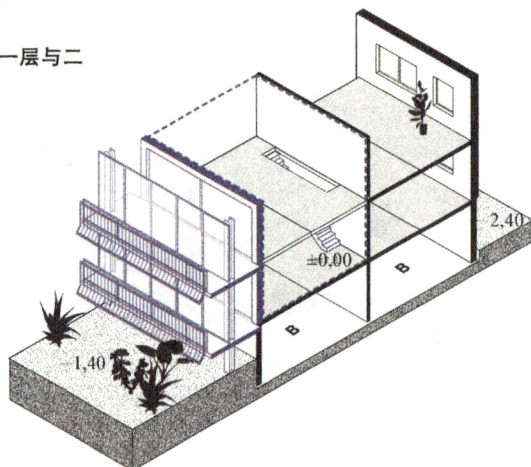

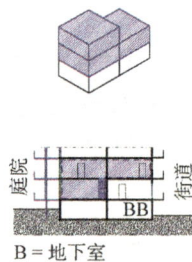

2,40

±0,00

B

B

−1,40

庭院 街道

BB

B ＝地下室

13.5 从 S 到 XL：当代类型学

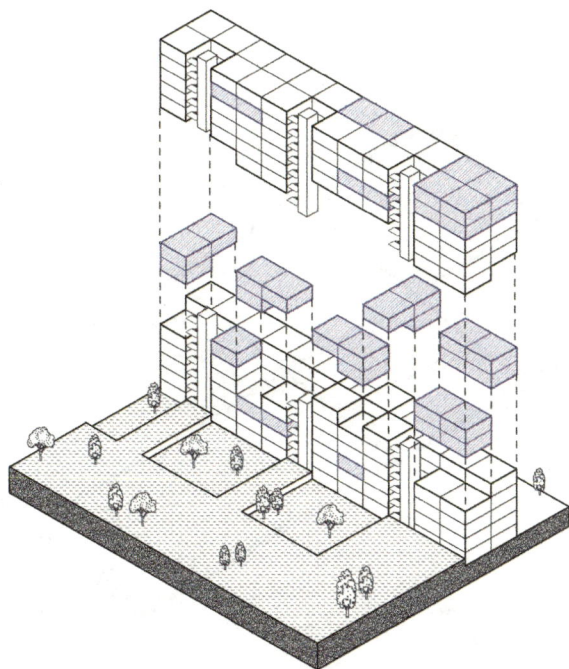

图 13 - 16
现有结构基础上的新建筑单元类型

社区现有单元类型不能满足未来居住结构的多样化需求。建筑高度和建筑间距会使单层和双层公寓类型拥有更宽敞的空间、更多样化的平面布局，以及与外界更充分的联系。新增设的房间可能会推动灵活的短期租赁，增加现有公寓的房间数量。（见图 13 - 16、图 13 - 17）

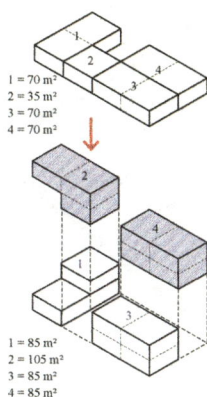

1 = 70 m²
2 = 35 m²
3 = 70 m²
4 = 70 m²

1 = 85 m²
2 = 105 m²
3 = 85 m²
4 = 85 m²

图 13 - 17
基于现状的公寓更新示意

现状平面

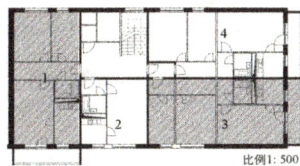

比例1: 500

新类型

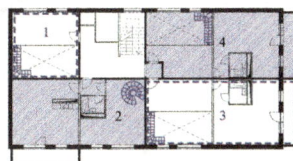

复式公寓，二层平面图1: 500

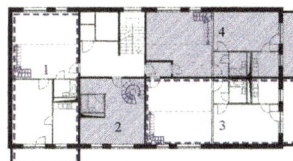

复式公寓，一层平面图1: 500

13.6 连通两层：复式公寓

图 13 - 18
复式公寓轴测图

打通上下两层，增加了房间的可使用面积，让每套公寓都有自己的独立阳台。

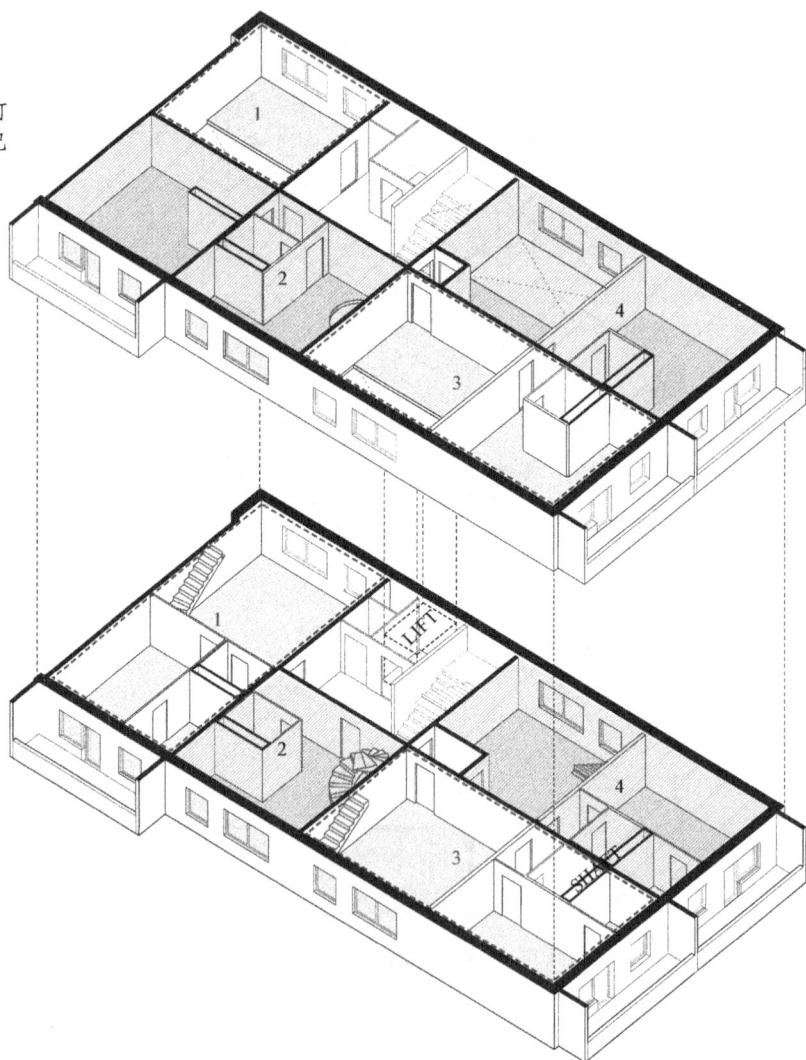

13.7 公寓多样化：增设房间

居民多样化的使用需求可以通过增设房间的方式进行补偿。在通常情况下，附加的房间可以扩大居民所需公寓的空间。（见图 13 - 19、图 13 - 20、图 13 - 21）

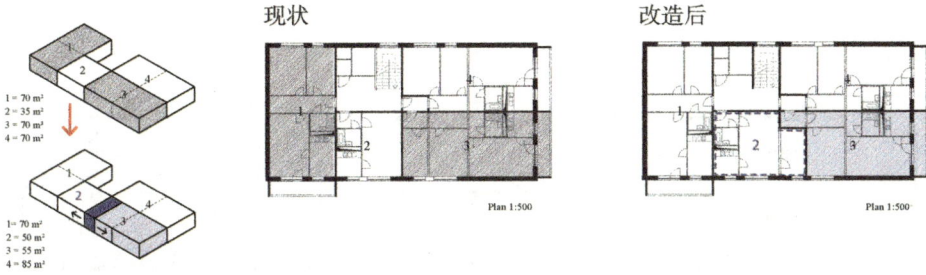

图 13 - 19
公寓空间改造模式 A

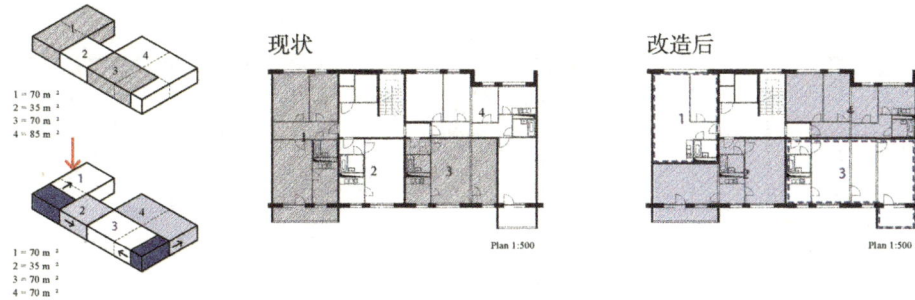

图 13 - 20
公寓空间改造模式 B

图 13 - 21
公寓空间改造模式 C

13.8 集体生活：集体公寓

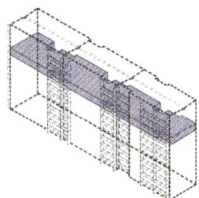

建筑中连续互通的第八层是集体生活的理想居所：这一种公寓类型将公共休息室连接起来，为学生、老年人或单身人士打造出了共享的社区公寓（见图13-22）。

现状

Plan 1:500

改造后

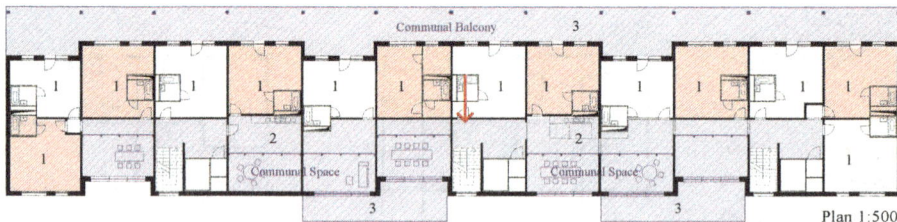

Plan 1:500

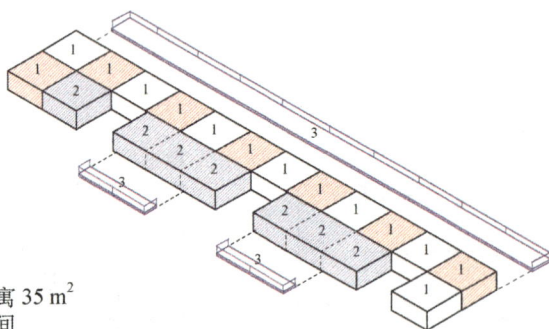

1=单间公寓35 m²
2=公共空间
3=公共阳台

图 13-22
集体公寓：三个住宅单元内可修建多个公共房间，并连通数个公寓。

13.9 创造多样性：新建筑

利用新建筑对庭院进行分区

庭院的大小允许建筑更加密集和集约化，从而在新的居住空间旁开辟出更多样的开放空间。独立建筑或建筑群在一层可以打造出诸多私人区域和公共区域（见图13-23、图13-24）。

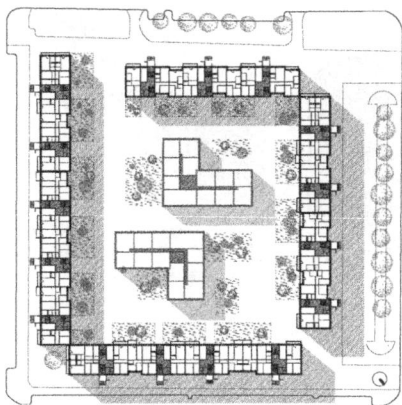

图 13-23
庭院类型 1

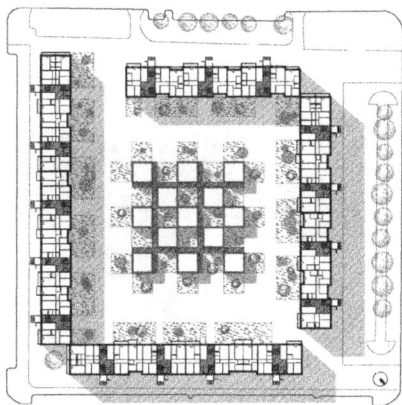

图 13-24
庭院类型 2

13.10 利用现状的通道

建筑中现状通道(楼梯和走廊)也可以进行整合,从而让WBS70和新建筑得以交叉重叠(见图 13 - 25、图 13 - 26)。

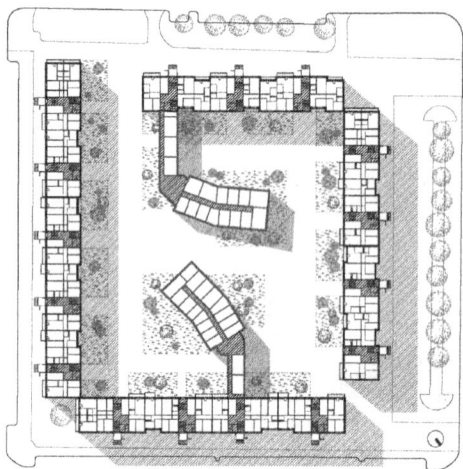

图 13 - 25
庭院类型 3

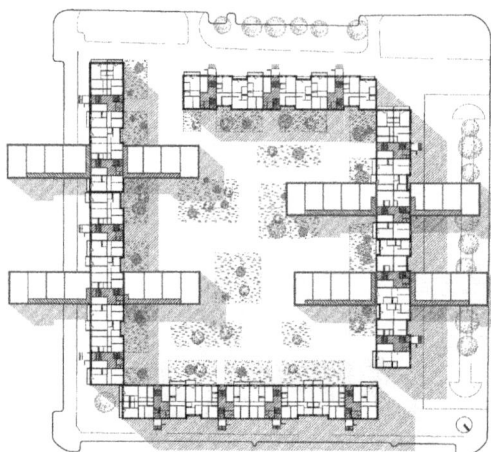

图 13 - 26
庭院类型 4

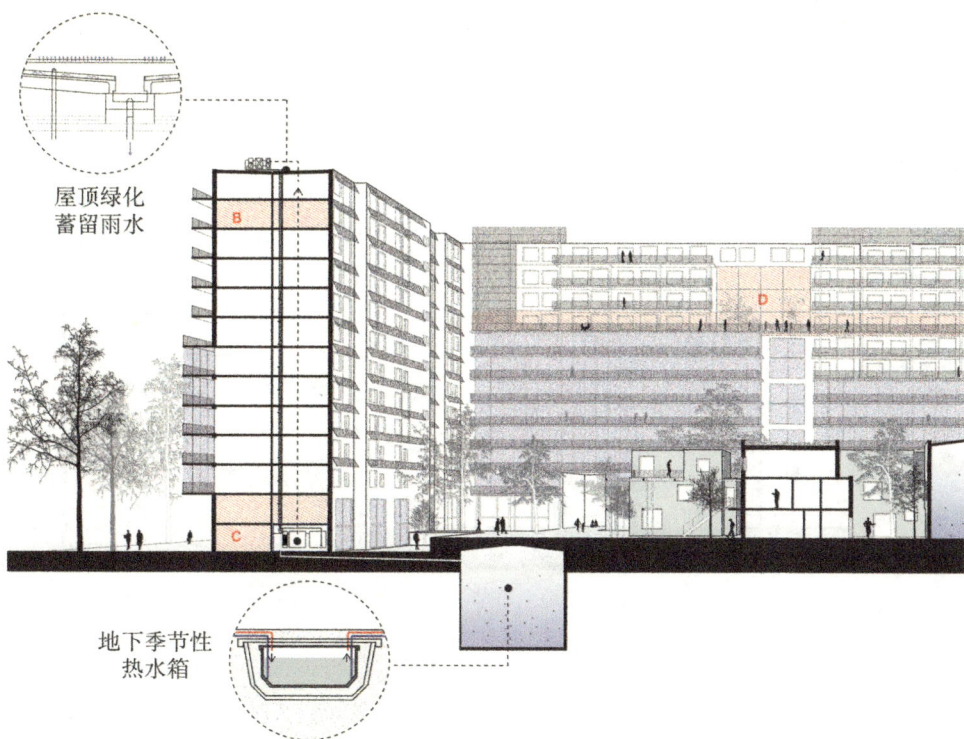

屋顶绿化
蓄留雨水

地下季节性
热水箱

图 13-27
建筑屋顶绿化与庭院地下季节性热水箱剖面

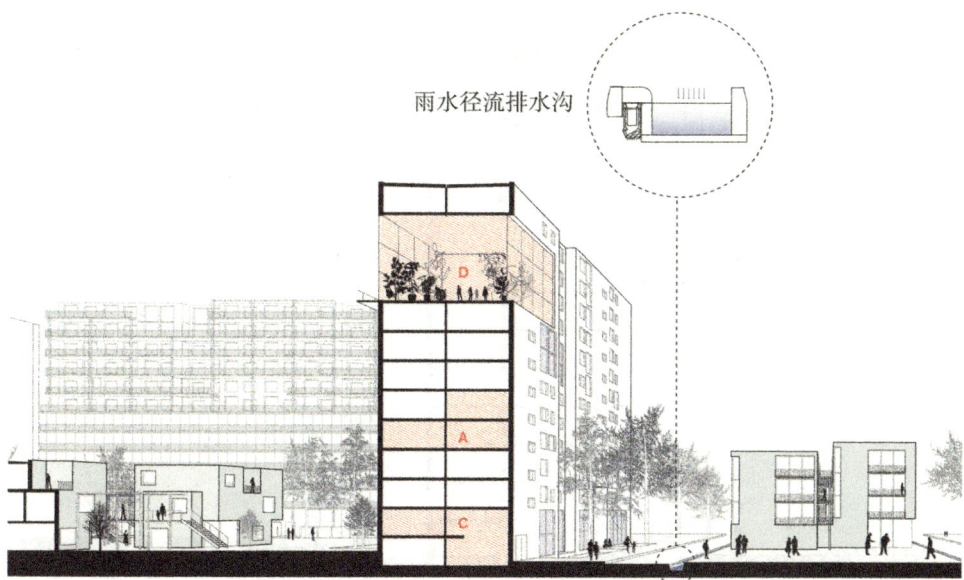

雨水径流排水沟

图 13-28
建筑与街道雨水径流排水道剖面

图 13-29
庭院剖面图

庭院的新建筑可在建筑的现有构造基础上创造出丰富的公共空间和私人空间。综合水箱、太阳能收集器、能量回收系统使能量循环独立运行。设计将通过多种方式体现，如在现有建筑内增设新型公寓，或者改造一层的空间，以此推进"多功能城市"的计划。

A＝复式公寓
B＝有附加房间的公寓
C＝一层公寓
D＝集体公寓

可替换方案：地上季节性热水箱

剖面图AA 1:50

灰水、黑水
卫生系统

可调节的家庭通风（曝气）
——带有热量回收和绝热冷却

图 13-30
街道剖面图

改造后的街道在建筑空间和复合功能方面均会更加优化。公共空间将会产生新的功能，成为综合性空间，如商店、工作室、工作坊、诊所、小型日托所或公寓等。通过街道上的明渠蓄积、利用和处理雨水、灰水和黑水，创造独立于现有地下管网的独立水循环系统。

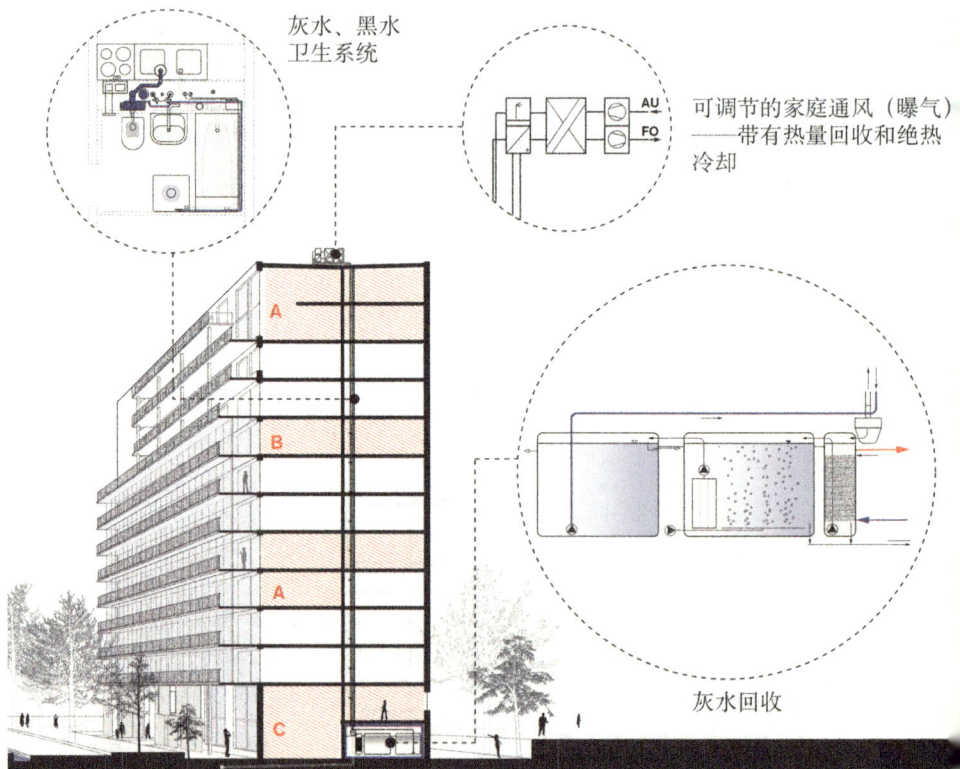

灰水回收

剖面图BB 1:50

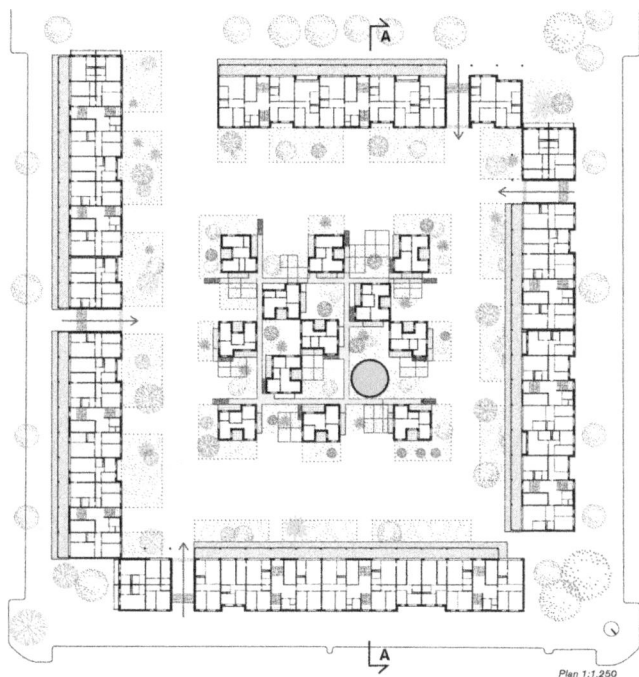

图 13 - 31
庭院内的住宅群

庭院内将修建 12 幢三层建筑，形成新的公共空间或私人空间，以及新的步行道系统。建筑的底层空间将更加充满生机和活力。而且现状公寓的底层同样会拥有花园。

建筑　　　　　　111

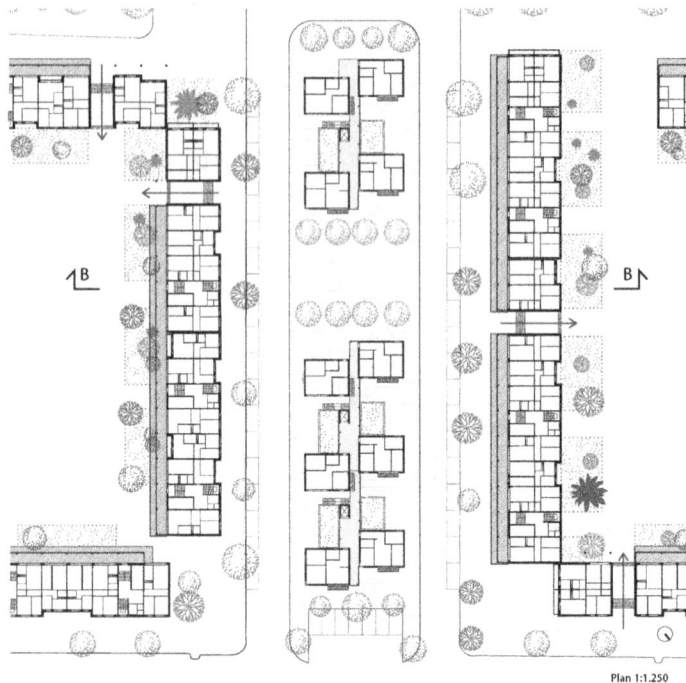

图 13-32
庭院间街区平面与效果图

10 幢四层建筑会让两个街区间的宽阔街道变得狭窄，而建筑底层空间新功能的开发也使街区间联系愈加紧密。更加集中地利用现有建筑群内庭的底层空间，可以让社区的公共空间充满活力，并与私人空间产生更密切的联系。

Plan 1:1.250

　城市生态社区多学科规划设计途径

结语

　　30 年前,青斯特社区住宅计划在柏林郊区的新霍恩豪森区域奠定了基石,如今"青斯特社区改造与更新"研究试图从空间、生态环境和工程技术角度对这一处结构单一的社区进行可持续的改造:

　　为打造综合性多功能城市社区,经过更确切的空间和功能规划设计(如改良公共空间、修整一层区域、增加公寓类型等),青斯特社区不再是功能单一的大型住宅区,而是具有可持续性的生态社区。而对当地能源、水、营养物质等资源管理的愿景,也进一步推动了该社区模式的转型升级。可再生能源技术和生活用水分散管理的理念已成为城市社区规划设计发展的内在组成部分,并对公共和私人空间均产生了重要影响。这种转型提高了社区的地区吸引力,促进步行可达到的生活方式、工作和休闲区域多元共存,因此该地区从一个"睡城"般的居住小区升级为综合性多功能的城市社区。

　　城市设计相关研究的目标是要增强城市社区的可持续性和功能多样性,而本研究则旨在以现有研究成果为基础,就类似的城市设计问题提出恰当可行的解决措施。因此,现在我们面临的问题不再是城市社区是否需要改造,而是如何进行改造和更新。未来的城市社区的规划设计理念应当考虑必需的适应性和稳定性(例如,对抗人口和气候变化),并且能够回答未来城市设计应当如何进行的现实问题。

　　青斯特社区的现状问题表明:城市设计的目标不应当过分强调实用性,这会导致城市结构的单一;而应当面向未来,为所有居民服务,建造功能多样、空间分配科学且合理的城市社区。

　　城市规划设计的合作伙伴应强劲而富有创造力,且能在跨学科思想的指导下,理解和落实城市空间(从生态系统到社会环境)可持续发展的条件。该规划设计形式要求规划部门的组织结构和运行的层级体系做出改变,以实现不同学科间的最优化合作。

青斯特社区的具体改造措施把城市社区空间视为动态体系,将自然空间生态功能(当地水文)、循环资源储存(废物处理、水管理和能源回收)和社会基础设施(生活、工作和休闲)结合起来。可持续城市设计可以集中处理大型城市结构内的小型单元。建筑空间的自由改造是重要的先决条件,这能促进社区居住空间的再评估,帮助社区创建生产单元、农业区和提供城市资源管理的"贸易"中心。

本研究以来自不同学科领域的规划者和研究者提供的设计研究与实践结果为基础,所有提出的设计方案均在青斯特这样一个研究社区内予以实施。对青斯特社区进一步的系统性探讨需要有其他参与者的加入(如建筑协会、居民、社区服务机构、公共服务组织等),以实现设计方案向具体实践的转变。

参考文献

[1] AfS Berlin-Brandenburg. Die kleine Berlin-Statistik 2013 [R]. Hg. v. Amt fur Statistik Berlin-Brandenburg. Berlin, 2013.

[2] ALP ÖZNUR. Further treatment of digested blackwater for extraction of valuable components [J]. Abwasserwirtschaft und Gewässerschutz, Dissertation, 2010,156:73.

[3] Hamburg. Ges. zur Förderung und Entwicklung der Umwelttechnologien an der Techn. Univ. Hamburg-Harburg [R]. Hamburger Berichte zur Siedlungswasserwirt schaft, 2010.

[4] BDEW. Entwicklung des personenbezogenen Wasssergebrauchs von 1990 – 2014 [R]. Hg. v. Bundesverband der Energie-und Wasserwirtschaft e. V. Berlin, 2014.

[5] BDEW. Trinkwasserverwendung im Haushalt 2014 [R]. Hg. Bundesverband der Energie-und Wasserwirtschaft e. V. Berlin, 2014.

[6] BIEKER SUSANNE, COMEL PETER. Semizentrale Ver-und Entsorgungssysteme für schnell wachsende urbane Räume [M]// JOHANNES PINNEKAMP, VERENA KÖLLING. Essener Tagung für Wasser-und Abfallwirtschaft "1st Unsere Wasserversorgung Zukunftsfähig". Aachen: Ges. zur Förderung der Siedlungswasserwirtschaft an der RWTH (Gewässerschutz, Wasser, Abwasser), 2014,47 – 234.

[7] BÖHM EBERHARD, HIESSL HARALD, HILLENBRAND THOMAS. Auswirkungen der Wasserspartechnologie-Entwicklungen auf Wasserbedarf und Gewässeremissionen im deutschen Teil des Elbegebiets [M]. Frauenhofer-Institut fur Systemtechnik und Innovationsforschung, Karlsruhe, 2002.

[8] BWB. Patente Insellösung: Berlins kleinstes Klärwerk heißt Klärchen Margare-tenhöhe Hochfeine Membranen klären [J/OL] Abwasser zu Badequalität Berlin, 2006[2015 – 10 – 05]. http://www. bwb. de/content/language1/html/302_2208.

[9] BWB. Grünes Licht für Erschließung " Blauer Gebiete " [2015 – 10 – 05]. http://www. bwb. de/content/language1/ html/8018 _ 8096.

[10] BWB. Datenbereitstellung der Berliner Wasserbetriebe: Planun-

terlagen Kanal netz Regen- und Schmutzwasser und Trinkwasserversorgung, Übersichtskarte Druckerhöhtes Gebiet und Entwässerungsgebiet [R]. Tagesgang HSHITI, 2014.

[11] DWA. Arbeitsblatt DWA-A 138-Planung, Bau und Betrieb von Anlagen zur Versickerung von Niederschlagswasser [R]. Redaktionell korr. Aufl. Hennef: DWA (DWA-Regelwerk: Arbeitsblatt, 138),2005.

[12] DWA. Handlungsempfehlungen zum Umgang mit Regenwasser [R]. Hennef: DWA (DWA-Regelwerk, M 153), 2007, August.

[13] DWA. Neuartige Sanitärsysteme [R]. Hennef: DWA (DWA-Themen), 2008.

[14] GRAAFF, ARTHE S, TEMMINK HARDY, ZEEMAN GRIETJE, BUISMAN CEE J N. Anaerobic Treatment of Concentrated Black Water in a UASB Reactor at a Short HRT [J], Water, 2010,2(1):101-119.

[15] FG SIWAWI. Schematischer Aufbau Grundach [M]. TU Berlin, Fachgebiet Siedlungswasserwirtschaft, 2014.

[16] HILLENBRAND THOMAS. Analyse und Bewertung neuer urbaner Wasserinfrastruktursysteme [M]. Zugl: Karlsruhe, Univ, Diss, Karlsruhe: Verl. Siedlungswasserwirtschaft (Schriftenreihe SWW Karlsruhe), 2009:134.

[17] HOWOGE. Datenbereitstellung der Wohnungsbaugeselschaft [R]. HOWOGE, 2014.

[18] HOWOGE. Planunterlagen zu ausgewählten Liegenschaften im Projektgebiet Zingster Strasse, Wasserverbrauchsdaten 2007 bis 2012 [R]. Wohnungslisten, Berlin, 2012.

[19] KAUFMANN L, SCHMITT T G, MEYER T, KALSCH M, HAMACHER H W, Mathematical optimisation of strategies for the realisation of sustainable urban water management [M]. Novatech, 2007:1537-1540.

[20] KAUFMANN-ALVES INKA. Strategieenteicklung zur Integration ressourcenorien-tierter Abwasserbewirtschaftung durch mathematische Optimierung [M]. Kaiserslautern (Schriftenreihe des Fachgebietes Siedlungswasserwirtschaft der Technishcen Universität Kaiserslautern), 2012:34.

[21] KÖNIG, KLAUS WERNER. Grauwassernutzung, Ökologisch notwendig-Ökonomisch sinnvoll [M]. Auf Troisdorf: Water Wassertechnik, 2013.

[22] KÖNIG, KLAUS WERNER. Dezentrale Wärmerückgewinnung aus Grauwasser [M]. Moderne Gebäudetechnik, 2014:24-27.

[23] NOLDE ERWIN. Dezentrale Abwasserwärmerückgewinnung in Kombination mit einer Grauwasserrecyclinganlage [R]. Deutsche Bundesstiftung Umwelt. Berlin, 2013.

[24] NOLDE ERWIN, HEINHAUS UWE. Grauwasserrecycling und Wärmerückgewinnung ein Baustein vom Passiv zum Nullenergiehaus? Praxisbericht [M]. Nolde &. Partner Innovative Wasserkonzepte, 2014.

[25] OLDENBURG MARTIN, ALBOLD ANDREA, WENDLAND CLAUDIA, OTTERPOHL RALF. Erfahrungen aus dem Betrieb eines neuen Sanitärkonzepts über einen Zeitraum von acht Jahren [R]. KA Korrespondenz Abwasser, Abfall 10, 2008: 1100 - 1165.

[26] SCHILLER GEORG. Kostenbewertung der Anpassung zentraler Abwasserentsor gungssysteme bei Bevölkerungsrückgang [M]. Berlin: Rhombos-Verl. IÖR-Schriften, 2010:51.

[27] Senat Berlin. Automatisierte Liegenschaftskarte (ALK-Berlin) [R]. Senatsverwaltung für Stadtentwicklung und Umwelt, Berlin, 2000.

[28] Senat Berlin. Flurabstand des Grundwassers 2009 differenziert [R]. Senatsverwaltung für Stadtentwicklung und Umwelt, Berlin, 2010.

[29] Senat Berlin. Konzepte der Regenwasserbewirtschaftung. Gebäudebegrünung, Gebäudekühlung. Leitfaden fur Planung, Bau, Betrieb und Wartung [R]. Senatsverwaltung fur Stadtentwicklung und Umwelt, Berlin, 2010.

[30] Senat Berlin. Art der Kanalisation 2012 [R]. Senatsverwaltung für Stadtentwicklung und Umwelt, Berlin, 2012.

[31] Senat Berlin. Geologischen Bohrdaten [R]. Geologisches Archiv Senatsverwaltung für Stadtentwicklung und Umwelt VIII E 3. Geoportal, Berlin, 2013a.

[32] Senat Berlin. Wasserdurchlässigkeit kf der Böden [R]. Senatsverwaltung für Stadtentwicklung und Umwelt, Umweltatlas, Berlin, 2013b.

[33] Senat Berlin. Wasserhaushalt aus Niederschlägen (lhne Versiegelung) [R]. Senatsverwaltung für Stadtentwicklung und Umwelt, Umweltatlas, Berlin, 2013c.

[34] Senat Berlin. Einwohnerdichten 2004 bis 2013 in Neu-Hohenschönahausen [R]. Senatsverwaltung für Stadtentwicklung und Umwelt, Amt für Statistik Berlin-Brandenburg, Berlin, 2014.

[35] SIEVERS JAN, LONDONG JÖRG STÜBLER STÜBLER, BESTENLEHNER DOMINIK, DRÜCK HARALS,

SCHÖNFELDER WENKE. Heat recovery potential of domestic grey water in the pilot project Jenfelder Au in Hamburg [C]. Munich, Germany: 17th EWA Symposium during IFAT 2014, 5 - 9, May, 2014 Water, Energy and Resources: Innovative Options and Sustainable Solutions, 2014.

[36] SIGGLOW JULIA. Ressourcenbewirtschaftung im Siedlungsraum [R]. Rahmenbedingungen neuartiger Sanitärsysteme im urbanen Umfeld. Techn. Univ. , Diss. -Dortmund. Aachen: Shaker (Magdeburger wasserwirtschaftliche Hefte, 11),2011.

[37] SKAMBRAKS ANNE-KATRIN, AUGUSTIN KIM, MEINZINGER FRANZISKA. Hamburgs dezentrales Entwässerungssystem [J]. HAMBURG WATER Cycle in der Jenfelder Au. Hg. V. HAMBURG WASSER, 2012,8:23 - 33.

[38] VETTER CARMEN. Wärmerückgewinnung aus Grauwasser mit dem Pontos Heat-Cycle [C]. Darmstadt: Wasserautarkes Grundstück. Fachtagung im Mai 2011 (Schriftenreihe Fbr, 15),2011.

[39] ZECH T, MOHR M, TRÖSCH W. Dezentrales Urbanes Infrastruktursystem DEUS 21: Förderkennzeichen 02WD0457 [R]. Faunhofer-Institut für Grenzflächen-und Bioverfahrenstechnik (IGB), Stuttgart, 2008.